PROPOSER LA FOI
DANS LA SOCIÉTÉ ACTUELLE

LES ÉVÊQUES DE FRANCE

PROPOSER LA FOI DANS LA SOCIÉTÉ ACTUELLE

III

Lettre aux catholiques de France

Rapport rédigé par
Mgr Claude Dagens
et adopté par
l'Assemblée plénière des évêques de France

Préfacc par
Mgr Louis-Marie Billé,
président de la Conférence des évêques de France

Documents des Églises

LES ÉDITIONS DU CERF
PARIS
1997

(29, boulevard Latour-Maubourg
75340 Paris Cedex 07)

ISBN 2-204-05639-1
ISSN 0983-9062

Liminaire

Les documents présentés dans ce livre, sur le thème de la proposition de la foi dans la société actuelle, marquent la troisième étape de la réflexion de l'Assemblée plénière des évêques de France qui a eu lieu à Lourdes en novembre 1996.

Les évêques ont demandé que « ce rapport rédigé pour la Conférence des Évêques soit adressé aux catholiques de France comme un instrument de travail et de dialogue ».

Comme chaque année, les travaux de cette Assemblée sont rassemblés dans un livre. Mais il nous a semblé bon, comme nous l'avons fait en 1994 et 1995, de présenter les textes de la « Proposition de la foi » dans un livret spécifique mis à la disposition de tous.

Tout d'abord, deux textes officiels : l'un du président de la Conférence, Mgr Louis-Marie Billé, qui introduit le document au nom des évêques ; l'autre, le rapport lui-même rédigé par Mgr Dagens qui a pour titre Proposer la foi dans la société actuelle *et pour sous-titre :* Lettre aux catholiques de France. *À chacune des étapes de la réflexion, un questionnaire est proposé pour permettre un échange en groupe.*

Ensuite, la présentation du document faite par Mgr Claude Dagens à l'Assemblée le 8 novembre 1996 à Lourdes.

Enfin, un guide de lecture, rédigé par le P. Joseph Doré, théologien.

Nous avons le sentiment que cette lettre sera un bon outil de travail pour les catholiques, au moment où ils entrent dans la phase préparatoire au Jubilé de l'an 2000. Mais nous pensons aussi qu'elle sera un moyen de rencontre et de dialogue avec ceux qui cherchent à interroger et à connaître la foi chrétienne.

MGR BERNARD LAGOUTTE,
Secrétaire général
de la Conférence des évêques de France.

PRÉFACE

Au cours de notre Assemblée plénière des évêques de France, en novembre 1996, à Lourdes, Mgr Dagens nous a présenté un rapport, préparé par lui-même et une équipe. Nous avons adopté ce rapport en lui donnant pour titre *Proposer la foi dans la société actuelle.* C'est ce texte que nous publions aujourd'hui sous la forme d'une « Lettre aux catholiques de France ».

Le terme d« lettre » peut sembler étonnant, puisqu'il s'agit d'un document assez volumineux, dont la lecture demandera un peu de temps. Mais le mot dit bien notre souhait que ces pages soient reçues et lues par le plus grand nombre possible de catholiques, qu'elles fassent l'objet de leur réflexion et de leurs échanges.

Cette lettre est le fruit d'une heureuse et fructueuse collaboration entre évêques et théologiens, et elle recueille les fruits de dialogues multiformes suscités dans les diocèses de France par deux documents antérieurs. Elle conjugue heureusement la fidélité à la Tradition et la prise en compte du monde qui est aujourd'hui le nôtre. Je remercie Mgr Dagens, ainsi que ceux et celles qui ont travaillé avec lui, de nous permettre d'avoir en main cet outil de discernement et ces propositions pour notre engagement commun dans la foi, et au service de l'annonce de la foi au Dieu de Jésus Christ, dans la communion d'une même Église. Cette lettre nous permettra de mieux percevoir comment notre foi peut toujours être vécue et proposée, quels que soient les changements qui affectent notre culture. Si, en effet, elle nous invite d'abord à « comprendre notre situation de catholiques » dans la société française d'aujourd'hui, c'est pour que nous puissions « aller au cœur du mystère de la foi » et « former une Église qui propose la foi ».

Il me semble qu'une caractéristique majeure de cette lettre est qu'elle arrive au moment voulu. Elle fait partie de ces documents qui, sans renier ce que l'on vivait et ce que l'on voulait hier, donnent corps à ce que l'on pressent, à ce que l'on cherche, à ce que l'on ne savait pas encore très bien formuler. De tels documents donnent expression à des expériences encore commençantes, à des espérances que l'on osait à peine reconnaître. À cause de cela, je crois que cette lettre sera féconde et contribuera pour sa part à nous mettre tous, catholiques de France, sur la route de l'année jubilaire.

Puissions-nous emprunter de grand cœur la route qui nous est ainsi ouverte !

MGR LOUIS-MARIE BILLÉ,
Président
de la Conférence des évêques de France.

LETTRE AUX CATHOLIQUES DE FRANCE

Chers amis,

1. Les raisons de cette lettre.

Cette lettre, que nous vous adressons, se situe dans le prolongement des multiples échanges qui ont eu lieu depuis 1994 sur la base du rapport consacré à **« la proposition de la foi dans la société actuelle ».** À ceux et celles qui ont pris l'initiative de ces échanges, qui les poursuivent et qui en transmettent les résultats, nous voulons dire notre reconnaissance.

Nous savons davantage, grâce à tout ce travail, que la communication de la foi est possible entre nous, qu'elle n'exclut pas les différences de sensibilités, d'expressions, d'expériences et d'engagements, mais qu'elle fait apparaître aussi une volonté commune de pratiquer et d'annoncer l'Évangile du Christ comme une force pour vivre et pour donner un sens à la vie, dans la société qui est la nôtre.

Lors de sa visite pastorale en France, en septembre 1996, le pape Jean Paul II a souligné l'importance et l'enjeu de ce travail sur la proposition de la foi : « Ce travail approfondi, qui fait intervenir de nombreuses personnes, montre la vitalité réelle des catholiques de France. Je suis persuadé qu'à partir des orientations d'ensemble que vous dégagez, l'annonce de l'Évangile sera stimulée chez des fidèles de plus en plus conscients de leur responsabilité et de leur mission de baptisés » (*Discours aux évêques,* 3, *Textes intégraux,* p. 123). Et, dans son homélie de Reims, le pape a exprimé sa propre conviction : « L'Église est toujours une Église du temps présent. Elle ne regarde pas son héritage comme le trésor d'un passé révolu, mais comme une puissante inspiration pour avancer dans le pèlerinage de la foi sur des chemins toujours nouveaux » (*Homélie de Reims,* 5, *ibid.,* p. 111).

Au titre de notre mission d'évêques, nous voulons tracer quelques-uns de ces chemins nouveaux, par lesquels nous allons avancer vers l'an 2000, en célébrant le Jubilé de notre foi et en proposant cette foi dans la société actuelle.

Nous estimons que l'heure est venue de mettre l'accent sur les points forts et sur les points sensibles de la vie et de la mission chrétiennes, dans le monde actuel. Il ne s'agit pas d'élaborer une stratégie. Il s'agit de préciser et d'approfondir notre engagement dans la foi au Dieu de Jésus Christ, telle que nous la vivons dans la communion de l'Église.

Nous voulons examiner les conditions relativement nouvelles, auxquelles la foi et l'Église sont aujourd'hui confrontées en France.

Nous voulons comprendre comment la foi chrétienne peut s'inscrire dans notre société, à l'aube du XXIe siècle.

Nous voulons aussi former de façon plus libre et plus solidaire une Église qui soit prête à évangéliser, en proposant la foi dans toute sa vérité et en la vivant elle-même de façon effective.

2. À la manière des apôtres.

Cette lettre n'est donc pas un traité sur l'évangélisation en France. Elle est un appel adressé à tout le peuple des baptisés en vue de partager plus largement et d'annoncer avec assurance la foi qui nous anime.

Comme évêques, tout en étant les serviteurs de cette foi catholique reçue des apôtres, nous en sommes aussi les témoins. Dans chacune de nos Églises locales, et aussi dans de multiples services et mouvements de jeunes et d'adultes, nous constatons que le don de Dieu est toujours nouveau. Aussi bien du côté des catéchumènes que du côté des recommençants, ou des jeunes qui demandent le baptême et la confirmation, et aussi dans le cadre de multiples rencontres avec le peuple des croyants, il nous est donné de reconnaître à quel point l'adhésion au Dieu de Jésus Christ façonne et soutient des existences humaines, en donnant à de nombreuses personnes la joie de croire et de se mettre au service des autres.

Nous savons aussi les obstacles, les inerties, les résistances ou les abandons. Nous mesurons la pesanteur de l'indifférence à laquelle beaucoup de gens, des jeunes en particulier, sont confrontés. Nous voyons souvent de près des situations de misère, de solitude, d'exclusion qui rendent la foi et surtout l'espérance terriblement difficiles.

Il n'est pas question de se cacher les conditions critiques dans lesquelles la foi en Jésus Christ doit se vivre et se communiquer actuellement. Mais ces réalités négatives ne peuvent pas nous empêcher de rendre grâces, comme le fait l'apôtre Paul dans plusieurs de ses lettres, pour la part que beaucoup de baptisés prennent effectivement à l'annonce de l'Évangile (voir Ph 1, 5).

Cette lettre est donc d'abord un acte de confiance : à la manière des apôtres, comme évêques, liés à la vie du peuple de Dieu, nous avons la liberté d'attester le travail de la foi qui s'accomplit dans nos Églises locales, surtout quand on y apprend le partage effectif des responsabilités et que des prêtres et des laïcs, chacun selon sa vocation, se mettent au service de l'Évangile, en l'accueillant, en le pratiquant et en l'annonçant, « par des actes et en vérité » (1 Jn 3, 18).

Cette solidarité vécue dans la foi nous fait un devoir de comprendre encore davantage les exigences actuelles de cette expérience chrétienne de Dieu qui est le bien commun de l'Église. À quelles conversions personnelles sommes-nous appelés, si nous voulons pratiquer et servir la liberté de la foi dans une société pluraliste ? Quelles évolutions institutionnelles sont nécessaires pour que l'Église tout entière se mette plus résolument en état d'accueillir et de proposer le don de Dieu en Jésus Christ ?

3. En ce temps qui est le nôtre.

Tels sont les buts de cette lettre que nous adressons aux catholiques de France, comme un appel et un encouragement à aborder des temps nouveaux pour l'évangélisation.

Alors que nous approchons de l'an 2000, nous ne pouvons pas oublier que le pape Jean Paul II nous invite à faire de ce temps un moment privilégié « pour le renforcement de la foi et du témoignage des chrétiens » (voir *Tertio millennio adveniente,* n° 41).

Nous ne pouvons pas oublier non plus que nous sommes les héritiers d'une longue histoire, parfois glorieuse, parfois aussi dramatique et marquée par le péché des hommes. Si nous faisons mémoire des grands témoins de la foi des origines dans notre pays, des martyrs de Lyon à saint Martin de Tours, c'est aussi un appel à attester la force de l'Évangile pour ce temps qui est le nôtre.

D'autant plus que la société française, avec ses crises et ses incertitudes, est inséparable des autres sociétés européennes, et que nous nous savons également reliés à d'autres peuples du monde, spécialement en Afrique, au Moyen-Orient, en Asie, et en Amérique du Sud, et que nous avons sans cesse à pratiquer « l'échange des dons » avec ces autres peuples, dans le domaine de la foi vécue et proposée comme une ressource pour vivre et pour servir la vie des autres.

Si cette lettre se réfère à notre expérience française, cela ne nous empêche pas d'avoir conscience d'appartenir à une réalité universelle : à cette Église catholique répandue à travers le monde, à une époque où les interdépendances de la foi et de la vie chrétiennes sont aussi réelles que les interdépendances politiques et économiques.

4. Les destinataires et le contenu de cette lettre.

C'est à vous, membres de l'Église catholique qui est en France, que cette lettre est adressée. C'est à vos expériences, à vos difficultés, à vos critiques et à vos souhaits qu'elle se réfère.

Mais nous sommes certains que son projet et son contenu concernent aussi nos frères et sœurs des Églises protestantes et orthodoxes : la foi au Dieu vivant, qui est Père, Fils et Esprit Saint, ainsi que le baptême en son nom sont notre bien commun, avec notre responsabilité également commune d'annoncer l'Évangile du Christ dans la société qui est la nôtre.

Vous aussi qui appartenez à d'autres traditions religieuses, vous êtes présents à notre réflexion, car nous devons réfléchir ensemble à la place et au rôle des religions dans la société française.

À vous, également, qui êtes intéressés par la place et l'avenir de la foi chrétienne dans notre société laïque, même si vous ne partagez pas cette foi, nous proposons cette lettre, en souhaitant qu'elle permette de réelles confrontations et des débats loyaux.

Car notre intention est avant tout pédagogique et pastorale. Nous nous adressons à des libertés personnelles, non pas pour imposer ce qui serait déjà acquis, mais pour susciter la poursuite du travail de discernement qui a été entrepris.

C'est pourquoi cette lettre comptera trois démarches qui nous semblent inséparables les unes des autres et dans lesquelles nous voulons nous engager avec toutes nos Églises locales, dans la diversité des groupes et des organismes qui les constituent.

– Il s'agit d'abord de regarder en face la situation réelle de la foi vécue : COMPRENDRE NOTRE SITUATION DE CATHOLIQUES DANS LA SOCIÉTÉ ACTUELLE.

– Il s'agit ensuite de souligner les points forts et les points sensibles de l'expérience chrétienne, tels qu'ils émergent de cet effort de compréhension : ALLER AU CŒUR DU MYSTÈRE DE LA FOI.

– Il s'agit enfin de formuler des projets pour que l'Évangile du Christ soit effectivement vécu et proposé dans et par l'Église : FORMER UNE ÉGLISE QUI PROPOSE LA FOI.

Notre souhait primordial est que cette lettre soit effectivement reçue aussi largement que possible, et qu'elle devienne pour beaucoup un outil de travail, un instrument de réflexion et de dialogue, un moyen de progresser dans l'expérience et dans l'annonce de la foi au Dieu de Jésus Christ.

1. Ce texte se réfère aux nombreux échanges qui ont eu lieu sur la base du rapport sur « la proposition de la foi dans la société actuelle ». Il veut ouvrir aussi de nouvelles perspectives et marquer un nouvel engagement.

Il est donc important que cette lettre soit adressée et confiée comme un instrument de travail à tous ceux qui ont déjà réagi au rapport initial.

Il sera utile, en même temps, de comprendre ce qu'il y a de nouveau dans le texte actuel, dans sa structure et ses appels.

2. Cette lettre est adressée avant tout aux catholiques de France. Mais cette destination n'est pas exclusive. Des initiatives sont à prendre pour la communiquer à des personnes qui ne partagent pas la foi chrétienne, mais qui s'intéressent à la situation de la foi et de l'Église dans notre société.

Chacun a la liberté de choisir dans ce texte les points qui peuvent être ainsi l'objet de confrontations ouvertes et de véritables débats.

PREMIÈRE PARTIE

COMPRENDRE NOTRE SITUATION DE CATHOLIQUES DANS LA SOCIÉTÉ ACTUELLE

Dans cette première partie, il ne s'agit pas d'analyser sociologiquement les données de la situation faite aux catholiques dans la société française.

Il s'agit de faire apparaître comment les catholiques vivent leur foi dans cette situation, en relevant, s'il le faut, les défis auxquels ils sont confrontés.

I. – UNE SOCIÉTÉ EN CRISE

1. Une situation critique.

En cette fin du XXe siècle, les catholiques de France ont conscience d'avoir à affronter une situation critique, dont les symptômes sont nombreux et parfois ressentis avec inquiétude. Sans doute la crise actuelle ne doit-elle pas être surestimée : le rapport sur la proposition de la foi a déjà montré qu'au sein même des difficultés, le défi de la foi est relevé par de nombreux croyants, qui trouvent dans l'Évangile des raisons de croire, d'affronter les difficultés de la vie et de prendre leurs responsabilités dans la société.

Mais, pour autant, nous ne pouvons pas nous masquer les indices préoccupants qui concernent la baisse de la pratique religieuse, la perte d'une certaine mémoire chrétienne, et les difficultés de la relève. C'est la place et l'avenir même de la foi qui sont en question dans notre société.

Mais la conscience de l'ampleur des difficultés n'est pas toujours bonne conseillère. Elle peut entretenir le ressentiment soit à l'égard de l'Église, soit à l'égard de la société civile. Elle peut aussi susciter un mauvais sentiment de culpabilité qui risque toujours d'engendrer des soupçons, voire des accusations, que les membres de l'Église se portent mutuellement en fonction des diverses sensibilités et traditions spirituelles dont ils se réclament.

Face à la tentation du ressentiment, qui conduit à chercher et à dénoncer des responsables de cette crise, nous tenons à réaffirmer ce que le rapport sur la proposition de la foi a déjà manifesté : **nous acceptons sans hésiter de nous situer, comme catholiques, dans le contexte culturel et institutionnel d'aujourd'hui, marqué notamment par l'émergence de l'individualisme et par le principe de la laïcité**.

Nous refusons toute nostalgie pour des époques passées où le principe d'autorité semblait s'imposer de façon indiscutable. Nous ne rêvons pas d'un impossible retour à ce que l'on appelait la chrétienté.

C'est dans le contexte de la société actuelle que nous entendons mettre en œuvre la force de proposition et d'interpellation de l'Évangile, sans oublier que l'Évangile est susceptible de contester l'ordre du monde et de la société, quand cet ordre tend à devenir inhumain.

Bref, nous pensons que les temps actuels ne sont pas plus défavorables à l'annonce de l'Évangile que les temps passés de notre histoire. **La situation critique qui est la nôtre nous pousse au contraire à aller aux sources de notre foi et à devenir disciples et témoins du Dieu de Jésus Christ d'une façon plus décidée et plus radicale**.

2. Un contexte général de mutations profondes.

Face aux mauvaises culpabilités ou à la tentation de briser la communion de la foi en cherchant des coupables, il nous faut être aussi clairs que possible.

La crise que nous traversons n'est pas due fondamentalement au fait que certaines catégories de catholiques auraient perdu la foi ou tourné le dos aux valeurs de la Tradition chrétienne.

Sans doute chacun de nous doit-il s'interroger sur son attachement réel au Christ, à son Évangile et à son Corps ecclésial. Tous, personnes, groupes et mouvements divers, peuvent reconnaître que leur participation à la mission de l'Église a traversé des périodes sombres, avec des tentations d'abandon ou de désaffection. Mais, malgré tout cela, on ne peut pas imaginer qu'il suffirait de mobiliser nos énergies de façon volontariste pour recréer avec quelque chance de succès la situation antérieure, supposée plus facile.

D'autre part, on ne peut pas davantage attribuer nos difficultés présentes à l'hostilité des adversaires de l'Église. Certes, il serait naïf de nier que, dans notre société, certains se réjouissent de l'affaiblissement social et institutionnel de l'Église catholique, et qu'ils n'hésitent pas à le favoriser. Mais il serait simpliste d'imputer à la virulence de leur action les difficultés auxquelles nous sommes confrontés.

La crise que traverse l'Église aujourd'hui est due, dans une large mesure, à la répercussion, dans l'Église elle-même et dans la vie de ses membres, d'un ensemble de mutations sociales et culturelles rapides, profondes et qui ont une dimension mondiale.

Nous sommes en train de changer de monde et de société. Un monde s'efface et un autre est en train d'émerger, sans qu'existe aucun modèle préétabli pour sa construction. Des équilibres anciens sont en train de disparaître, et les équilibres nouveaux ont du mal à se constituer. Or, par toute son histoire, spécialement en Europe, l'Église se trouve assez profondément solidaire des équilibres anciens et de la figure du monde qui s'efface. Non seulement elle y était bien insérée, mais elle avait largement contribué à sa constitution, tandis que la figure du monde qu'il s'agit de construire nous échappe.

Cela dit, nous ne sommes pas les seuls à peiner pour comprendre ce qui arrive. Les innombrables recherches actuelles dans les domaines de la sociologie, de la philosophie politique, ou des réflexions sur l'avenir de la culture et des traditions nationales montrent bien la profondeur des questions de nos contemporains sur une situation de crise qui affecte tous les secteurs de l'activité humaine.

3. Les fractures sociales.

Dans la société française actuelle, un phénomène nous apparaît particulièrement préoccupant : l'aggravation des fractures sociales. Nous savons bien que sur le plan mondial l'écart ne cesse de se creuser entre les pays pauvres et les pays riches et que la mondialisation des circuits financiers et économiques a tendance à aggraver cet écart.

Mais, en France même, nous connaissons depuis bien des années le développement du chômage et de la précarité, l'apparition de couches sociales dont la misère semble devenue le destin. Dans ce contexte, on ne peut pas oublier la situation difficile faite aux immigrés présents sur le sol de notre pays, tandis que l'aggravation de la crise et des sentiments d'insécurité contribue à la montée de sentiments xénophobes à peine dissimulés.

Après des décennies d'expansion économique qui avaient nourri l'espoir d'une amélioration continue des conditions matérielles d'existence pour toutes les couches de la population, revient aujourd'hui le sentiment oppressant que la misère est une fatalité à subir, et qu'elle peut facilement entraîner l'exclusion.

C'est dans cette société cassée que la foi doit être proposée non pas comme une attitude de résignation à l'inacceptable, mais comme un appel à garder le cap de l'espérance, au prix du courage et de l'initiative. Comme un appel exigeant, aussi, à la pratique de la solidarité entre tous les hommes, sans distinction aucune, et à la reconnaissance de la valeur inaliénable de chaque être humain, si désarmé qu'il soit devant la vie.

Nous ne pouvons proposer la foi qu'en étant effectivement présents aux fractures de notre société et aux personnes qui souffrent de ces fractures, et nous avons la liberté d'attester que cette foi en Jésus Christ n'est pas pour nous une référence vague et implicite, mais la raison première de notre action, et la source de notre espérance, même dans les conditions les plus rebelles à l'espérance.

4. Une crise de transmission généralisée.

Une autre évolution profonde affecte notre société. Sous les chocs conjugués de la généralisation de l'esprit critique, de la rencontre des cultures et des progrès de la technique, les savoir-vivre fondamentaux que véhiculaient les grandes traditions sont ébranlés. C'est la grammaire élémentaire de l'existence humaine qui vient à faire défaut : qu'il s'agisse d'accepter la différence sexuelle, de devenir père ou mère, de donner un sens à tout ce qui concerne la naissance et la mort.

Dans de multiples domaines de l'existence, et particulièrement pour les jeunes générations, il n'est plus possible de se reposer calmement sur les traditions et usages reçus, sans consentir à un effort d'appropriation personnelle.

Cette situation est éprouvante pour les personnes, obligées d'aller puiser au plus profond d'elles-mêmes les ressources nécessaires pour affronter les situations de précarité auxquelles elles sont confrontées.

Quand cet effort d'appropriation personnelle se révèle impossible, la perte des points de repère éthiques est quasiment inévitable, et il devient tentant soit de sombrer dans le doute et le découragement, soit de perdre le sens de ses responsabilités.

Cette crise de transmission généralisée entraîne beaucoup de fragilités personnelles et permet aussi de comprendre que notre société tout entière vit sous le signe d'une fragilité identique par rapport à ses raisons de vivre et de construire son avenir.

5. Notre responsabilité de croyants.

Même si nous avons, en tant que chrétiens, à répondre d'une Parole de vérité et de vie, nous n'en partageons pas moins la condition commune des hommes et des femmes de notre société. Voilà pourquoi la mission et la responsabilité qui nous sont confiées dans ce monde ne nous confèrent aucune prétention, et d'ailleurs aucun moyen, de le regarder de haut et comme de le surplomber.

Nous voilà donc appelés à vérifier la nouveauté du don de Dieu, de l'intérieur même de notre foi vécue dans cette société incertaine qui est la nôtre.

Nous voilà appelés à aller puiser nous-mêmes aux sources de notre foi le courage et l'espérance nécessaires pour faire face à nos responsabilités, sans crispation, ni ressentiment.

Nous voilà appelés à proposer l'Évangile non pas comme un contre-projet culturel ou social, mais comme une puissance de renouvellement qui appelle les hommes, tout être humain, à une remontée aux sources de la vie.

Pour le dire autrement, l'exigence de l'évangélisation se présente comme un appel que nous avons nous-mêmes à entendre, puisqu'il s'agit de chercher et de trouver dans l'Évangile et dans la personne du Christ, en communion avec l'Église, des points d'appui et des repères, qui puissent s'inscrire à la fois dans nos propres existences et dans les incertitudes de notre société.

1. En quoi sommes-nous impliqués dans la situation de crise décrite ici, qu'elle concerne les fractures sociales ou la difficulté de la transmission ?
2. Comment nos paroisses, communautés, mouvements, groupes divers vivent-ils ces défis ?
3. À quelles conversions ces défis nous conduisent-ils ? Quels moyens nouveaux nous faut-il inventer ?

II. – CATHOLIQUES DANS LA SOCIÉTÉ ACTUELLE

Notre situation de catholiques dans la société française est, dans une large mesure, conditionnée par l'histoire de cette société et par ses évolutions actuelles.

Là encore, un effort de lucidité est nécessaire : il nous appartient de regarder en face cette histoire et ces évolutions, avec les conséquences que nous devons en tirer pour l'annonce de l'Évangile.

1. Une longue histoire.

Que nous le voulions ou non, nous sommes, en tant que catholiques en France, les héritiers d'une longue histoire, que l'on peut toujours interpréter, mais qu'il n'est pas possible de nier.

À l'origine de cette histoire, la Tradition judéo-chrétienne, fondée sur la Bible, avec toutes les valeurs et toutes les images dont elle est porteuse, a joué un rôle indiscutable. La foi au Dieu d'Abraham et de Jésus Christ fait partie des éléments constitutifs de notre tradition nationale, comme pour la plupart des autres peuples d'Europe. Si jamais nous oubliions ces éléments fondateurs, de multiples œuvres littéraires et monumentales viendraient nous les rappeler. On ne peut pas refuser cette dimension chrétienne de notre patrimoine culturel.

Mais l'histoire dont nous héritons a été aussi marquée, au long des siècles, par des crises, parfois violentes, et par des ruptures de traditions. Il ne suffit pas d'évoquer les guerres de religion, la période de la Révolution, ou la séparation de l'Église et de l'État. Il faudrait aussi mentionner les nombreux conflits entre le pouvoir temporel des rois et des empereurs et le pouvoir spirituel des papes et des évêques, avec les empiétements toujours possibles d'un pouvoir sur l'autre, depuis le Moyen Âge jusqu'à l'époque moderne.

2. Les leçons de l'histoire pour notre société laïque.

À cet égard, la séparation de l'Église et de l'État, après un siècle d'expérience, peut apparaître comme une solution institutionnelle, qui, en permettant effectivement de distinguer ce qui revient « à Dieu » et ce qui revient « à César », offre aux catholiques de France la possibilité d'être des acteurs loyaux de la société civile.

Affirmer cela revient à reconnaître le caractère positif de la laïcité, non pas telle qu'elle a été à l'origine, lorsqu'elle se présentait comme une idéologie conquérante et anticatholique, mais telle qu'elle est devenue après plus d'un siècle d'évolutions culturelles et politiques : un cadre institutionnel et, en même temps, un état d'esprit qui aide à reconnaître la réalité du fait religieux, et spécialement du fait religieux chrétien, dans l'histoire de la société française.

Mais, à titre de réciprocité, en tant que catholiques qui héritons de cette histoire longtemps conflictuelle entre l'Église et l'État, et aussi entre la tradition catholique et la tradition laïque, il nous revient de tirer les conséquences de ces évolutions pour les temps actuels.

– D'abord, **il est toujours important de faire un bon usage de notre mémoire et de notre histoire.** Faire un bon usage veut dire respecter la réalité des événements, les situer dans leur contexte, ne pas les projeter artificiellement à notre époque. À cet égard, les rappels historiques ne suffisent pas. Une théologie de l'histoire peut être aussi très utile pour comprendre comment notre histoire demeure une histoire du salut, où les crises elles-mêmes peuvent devenir des moments de renouveau missionnaire, qu'il s'agisse de l'époque des invasions barbares ou de la période révolutionnaire.

Déchiffrer notre histoire avec le regard de la foi permet d'affronter dans la foi les difficultés actuelles.

– Quant à ce qui concerne l'importance du fait chrétien à l'intérieur de notre histoire nationale, nous devons rester vigilants. Car **la foi ne peut pas être réduite à une tradition religieuse que l'on pourrait utiliser à des fins culturelles, sociales ou politiques.** La tradition catholique est inséparable de l'Évangile du Christ qui l'inspire, et du peuple des croyants qui s'en réclame.

En d'autres termes, **nous tenons à être reconnus non seulement comme des héritiers, solidaires d'une histoire nationale et religieuse, mais aussi comme des citoyens qui prennent part à la vie actuelle de la société française, qui en respectent la laïcité constitutive et qui désirent y manifester la vitalité de leur foi.**

– Enfin, nous avons un désir fort à exprimer : en cette

fin du XXe siècle, après deux siècles d'affrontements parfois violents entre la tradition catholique et la tradition laïque, nous souhaitons que l'on parvienne à surmonter les ressentiments et les ressassements réciproques.

Ne sommes-nous pas plus libres aujourd'hui pour reconnaître que beaucoup des valeurs de nos deux traditions étaient et demeurent des valeurs communes, en particulier le souci de la justice pour tous et le sens de la droiture dans les comportements personnels et sociaux ?

N'avons-nous pas aussi à reconnaître que, face aux fractures sociales et à la crise de transmission généralisée, nous sommes confrontés à un défi commun qui consiste à éveiller les jeunes générations à ces valeurs dont nos deux traditions sont porteuses ?

À chacun de nous de prendre ses responsabilités, en cherchant à ne pas réveiller des querelles anciennes, et en faisant un bon usage de la laïcité elle-même.

Pour notre part, au titre de notre citoyenneté et de notre foi, nous voulons contribuer au vouloir-vivre de notre société, et y montrer activement que l'Évangile du Christ est au service de la liberté de tous les enfants de Dieu.

3. Un contexte de pluralisme.

Très lié au principe de laïcité, le pluralisme, notamment dans le domaine religieux, est un état de fait qui demande à être reconnu, avec toutes ses implications.

D'autant plus que la dimension religieuse de l'existence humaine, après avoir été longtemps soupçonnée ou refoulée, est aujourd'hui assez généralement réhabilitée, et que de nouvelles traditions religieuses et spirituelles, notamment l'islam et le bouddhisme, sont désormais présentes dans notre pays et y manifestent leur vitalité.

Pour nous, catholiques de France, qui avons été parfois habitués à occuper dans notre pays une position hégémonique ou exclusive, ce pluralisme de fait est un encouragement au dialogue et à la confrontation, spécialement sur le terrain de l'expérience religieuse et spirituelle.

C'est à nous, d'abord, qu'il appartient de comprendre que l'expérience de Dieu ne s'impose jamais de l'extérieur, mais qu'elle s'enracine dans le désir religieux, dans le pressentiment du sacré qui habite chaque être humain.

Le dialogue avec des croyants qui se réclament des autres traditions religieuses n'est donc pas facultatif pour nous. Il permet de reconnaître comment la recherche de Dieu et la relation à Dieu façonnent, quoique différemment, une existence humaine.

Contrairement à ce que l'on craint parfois, le dialogue entre croyants de religions différentes, quand il porte vraiment sur la recherche et l'expérience de Dieu et sur leurs implications dans l'existence humaine, n'aboutit pas au relativisme. Il appelle plutôt à comprendre davantage comment des libertés et des consciences personnelles sont en quête de l'Absolu. L'annonce de l'Évangile est devenue aujourd'hui inséparable de ce dialogue interreligieux.

4. Les détournements des religions.

Mais, dans ce domaine du pluralisme religieux, on ne peut pas se dissimuler qu'il existe aujourd'hui des risques sérieux.

– **Le premier est celui de la manipulation marchande des religions, qui ont pris place sur le grand marché de la consommation.** Car notre société, qui se réclame d'autre part de la rationalité technique, est souvent séduite par ce qu'il peut y avoir d'irrationnel, de magique, de « mystérieux » dans l'expérience religieuse. La logique marchande capte facilement cette séduction de l'irrationnel, et l'utilise à des fins de rentabilité et de profits financiers.

Avec d'autres croyants, appartenant à d'autres traditions religieuses, il nous faut lutter contre cette perversion de l'expérience de Dieu, qui ne doit jamais être instrumentalisée et soumise au pouvoir de l'argent.

– Nous ne pouvons pas non plus ignorer l'autre soupçon qui se porte actuellement sur les religions, accusées d'être presque automatiquement causes de violences et de comportements fanatiques. Ce qui se passe dans plusieurs pays du monde, en Europe, au Maghreb et au Moyen-Orient, notamment, et aussi ce qui s'est passé dans notre propre histoire religieuse, oblige à reconnaître que ce soupçon est parfois fondé.

Il nous appartient d'autant plus de dénoncer et de démasquer les détournements politiques, et parfois guerriers, de tous les messages religieux, en montrant que ces messages doivent être connus pour eux-mêmes, indépendamment des usages pervers que des États et des sociétés sont parfois portés à en faire.

En dernier ressort, nous avons nous-mêmes à faire un bon usage du pluralisme dont nous bénéficions dans la société française, et de la libre expression de la foi qu'il permet.

– Il sera bon de nous rappeler d'abord que l'expérience chrétienne que nous proposons est celle de la foi qui s'adresse à des libertés personnelles. En tous domaines, l'éducation de la foi chrétienne doit être inséparable de l'éducation de la liberté, qui demande souvent à être délivrée de ce qui l'entrave ou la blesse pour s'ouvrir au don de Dieu.

– Quand nous affirmons notre projet de proposer la foi dans la société actuelle, nous faisons appel à cette liberté personnelle, et nous estimons que le contexte actuel de pluralisme nous oblige à vérifier sans cesse ce que nous proposons et la façon dont s'effectue cette proposition. Nous voulons simplement être les témoins de ce que nous avons reçu, en participant à ce dialogue ininterrompu entre Dieu et l'humanité qui constitue l'histoire du salut et qui vaut aussi pour notre société actuelle, dans la diversité de ses composantes.

5. Une relation nouvelle de l'Église à la société.

La laïcité et le pluralisme de notre société induisent sans aucun doute une relation nouvelle de l'Église à la société.

Il est indispensable de comprendre en quoi cette relation est nouvelle, en tenant compte des réflexions que font à ce sujet des sociologues, des historiens et aussi des observateurs étrangers.

C'est pour contribuer à ce travail de compréhension, que nous ferons ici quelques remarques qui demandent à être reprises, complétées et approfondies.

Il est certain qu'en cette fin du XXe siècle, la situation de l'Église catholique en France est très différente de ce qu'elle était au début de ce siècle. Les relations entre l'Église et l'État, qu'elles soient d'ailleurs difficiles ou faciles, sont devenues beaucoup moins importantes que la présence de l'Église dans la société tout entière.

D'autant plus qu'à l'intérieur de l'Église, on reconnaît un pluralisme de fait des engagements, des formes de service, des prises de position politiques.

Mais si l'on veut caractériser la relation actuelle de l'Église à la société, il n'est pas facile de formuler des jugements catégoriques.

En termes politiques, on pourra dire que l'opposition entre une tradition catholique, contre-révolutionnaire et conservatrice, et une tradition républicaine, anticléricale et progressiste, est presque totalement révolue.

Si l'on préfère user des catégories sociologiques, on suggérera que les catholiques sont passés d'une situation majoritaire à une situation minoritaire.

Un tel diagnostic appelle de nombreuses discussions : en termes de pratiques et de croyances, il est vrai que l'appartenance au catholicisme a passablement reculé. Mais, en termes de mémoire et de culture, beaucoup de personnes continuent de se référer à la tradition catholique, qui, pour des observateurs étrangers, demeure fondamentale pour caractériser l'identité française.

C'est surtout sur le terrain de la présence effective de l'Église dans la société et de la foi vécue par les catholiques que nous avons à évaluer loyalement les évolutions qui nous marquent.

Il est évident que l'Église catholique ne se trouve plus aujourd'hui dans la position dominante, voire exclusive, dont elle a bénéficié durant des siècles.

On peut même ajouter que l'affirmation publique de

la foi, la référence explicite à l'Évangile et à l'Église apparaissent souvent comme des phénomènes minoritaires. Il arrive que des jeunes, notamment, souffrent de se sentir marginalisés, dès qu'ils se déclarent baptisés et confirmés.

Il faudra certainement développer ces analyses et ces observations. Mais notre responsabilité commune de catholiques consiste, à partir de ces analyses et de ces observations, à assumer cette situation relativement nouvelle, de l'intérieur de notre foi, comme des disciples du Christ, en même temps que de l'intérieur de notre société laïque et pluraliste, comme des citoyens loyaux et actifs.

6. Notre mission de catholiques.

De cette double perspective découlent quelques obligations élémentaires :

1. Nous ne pouvons pas nous résigner à une totale privatisation de notre foi, comme si l'expérience chrétienne devait rester enfouie dans le secret des cœurs, sans prise sur le réel du monde et de la société.

Notre Église n'est pas une secte. Nous ne formons pas un ghetto. Nous refusons toute tentation de repliement ecclésial.

2. Ce refus de toute marginalisation ne nous empêche pas d'être réalistes. **L'Église catholique ne recouvre pas toute la société française.** Elle ne doit pas rêver d'obtenir une position privilégiée, plus ou moins favorisée par les pouvoirs publics.

Cette situation relativement nouvelle nous oblige à comprendre plus radicalement où s'enracine notre identité catholique, où se trouvent les références fondamentales de notre vie et de notre action, à quelles conversions nous sommes appelés pour vivre l'Évangile.

C'est un travail permanent de formation et de réappropriation de notre foi qui nous est indispensable. Notre Église tout entière doit se mettre davantage en état d'initiation, en percevant et en accueillant plus résolument la nouveauté de l'Évangile pour pouvoir elle-même l'annoncer.

3. Mais si l'Église catholique ne recouvre pas toute la société, si elle a renoncé à toute position dominante, elle demeure missionnaire, c'est-à-dire tournée vers tous et ouverte à tous, à cause de l'appel de Jésus, quand il demande à ses disciples d'être « lumière pour le monde, sel de la terre ».

Pour le dire autrement, nous ne renonçons pas à être une Église pour tous. Cette orientation s'exprime essentiellement dans l'acte de Jésus « quand il passe de ce monde à son Père en aimant les siens jusqu'au bout » (Jn 13, 1).

C'est pourquoi nous aurons à dire plus loin pourquoi les sacrements de l'Église, fondés sur le mystère du Christ, sont des actes publics qui s'inscrivent dans la vie sociale, et que nous avons à les pratiquer et à les proposer comme tels.

Bref, la présence de l'Église catholique en France, avec toutes ses évolutions actuelles, demeure une présence sacramentelle : nous sommes « signe et moyen de l'union intime avec Dieu et de l'unité de tout le genre humain » (*Lumen gentium* n° 1), dans la société qui est la nôtre.

1. Comment expérimentons-nous la relation nouvelle de l'Église à la société décrite p. 32 ?

2. Où et comment participons-nous au titre de notre foi, à des débats et à des actions qui concernent notre vie commune et l'avenir de notre société ?

3. À quel ressourcement, à quelle conversion sommes-nous appelés pour vivre cette « présence effective de l'Église dans la société » ?

III. – L'ÉGLISE ET LA PROPOSITION DE LA FOI

Si nous avons pris la mesure de la situation relativement nouvelle de l'Église dans notre société laïque, nous devons en tirer les conséquences pour notre manière de proposer la foi.

1. De l'héritage à la proposition.

Au temps où l'Église faisait pratiquement corps avec la société globale, malgré bien des contradictions et des affrontements, la transmission de la foi s'opérait d'une façon quasi automatique, les mécanismes de cette transmission étant d'ailleurs intégrés aux fonctionnements normaux de la société. Il était devenu difficile de vérifier l'adage selon lequel on ne naît pas chrétien, mais on le devient.

Avec le recul du temps, nous devons reconnaître les inconvénients de cette situation ancienne : quand l'annonce de la foi se trouve plus ou moins réduite à la mise en œuvre de procédures quasi automatiques de transmission, des infléchissements imperceptibles peuvent se produire. Certains ont de fait conduit à une sorte de mondanisation de la foi, dans la mesure même où la religion catholique tendait à devenir une fonction de la société et l'Église à être conçue comme un simple service de la société.

La situation présente comprend des difficultés nouvelles. C'est en effet la communication de la foi qui est aujourd'hui compromise ou rendue très difficile dans de larges secteurs de la société française.

Paradoxalement, cette situation nous oblige à prendre la mesure de la nouveauté de la foi et de l'expérience chrétienne. Nous ne pouvons plus seulement nous contenter d'un héritage, si riche qu'il soit. Nous avons à accueillir le don de Dieu dans des conditions nouvelles et à retrouver en même temps le geste initial de l'évangélisation : celui de la proposition simple et résolue de l'Évangile du Christ.

En même temps, du côté des auditeurs de la Parole, se vérifie un aspect corrélatif de la foi : ils sont amenés à accueillir cette Parole par un acte personnel d'adhésion.

2. Des requêtes nouvelles.

Cette expérience se vérifie dans bien des situations, à commencer par les familles les plus ancrées dans la foi catholique : on se rend compte que les jeunes générations ne peuvent se contenter d'endosser passivement un héritage. L'exigence d'une appropriation personnelle est devenue impérative. Désormais les héritiers eux-mêmes ont parcouru un chemin de conversion. Ils ont fait souvent une expérience spirituelle forte dans des communautés vivantes et actives.

Il faut d'ailleurs souligner que ces deux aspects, personnel et communautaire, de la foi ne s'excluent, ni ne se concurrencent. Ils ne sont même pas à hiérarchiser : ils se conditionnent l'un par l'autre. Il faut donc permettre à ceux qui sont engagés dans de tels parcours d'initiation de s'intégrer au courant de la Tradition chrétienne prise dans son ensemble et à toute l'ampleur de la communion ecclésiale, et la « grande Église » doit apprendre à accueillir vraiment ces nouveaux venus à la foi.

Dans la mise en œuvre de la mission de l'Église selon ses modalités les plus habituelles, notamment dans la vie des paroisses et dans la pastorale des sacrements, une transformation du même ordre est en train de se produire. Des institutions ecclésiales « classiques », qui semblaient ne rien réclamer d'autre que la conformité à des procédures bien rodées, réclament aujourd'hui, sous peine de dépérir, d'être incessamment améliorées, vérifiées, relancées. **Ce qu'il suffisait naguère d'entretenir doit être aujourd'hui voulu et soutenu. Toutes sortes de démarches qu'une population majoritairement catholique nous demandait, en se coulant dans des automatismes communément admis, doivent être désormais proposées comme l'objet d'un choix.**

De sorte que **la pastorale dite « ordinaire », souvent vécue comme une pastorale de l'accueil, doit de plus en plus devenir aussi une pastorale de la proposition.** Cette évolution a quelque chose d'onéreux. Certains la vivent comme une véritable épreuve. Mais de plus en plus nombreux sont les prêtres et les laïcs qui disent s'en trouver mûris et renouvelés dans leur foi. Un nombre croissant de pasteurs et, plus largement, d'acteurs de la pastorale comprennent qu'il y a là une exigence de la mission. Ils se découvrent du même coup appelés à aller davantage au cœur même de la foi.

3. L'Église est vouée à se centrer sur le cœur de la foi.

La situation présente, même si elle est parfois éprouvante, est aussi une chance que nous devons saisir. Nous sommes tenus d'aller ensemble à l'essentiel, à ce qui nous fait vivre comme croyants.

On peut le reconnaître sans hésiter : aujourd'hui, en France, il n'y a guère de risques que ceux qui travaillent à la mission de l'Église le fassent comme des fonctionnaires ! Comment, en effet, pourrait-on tenir dans le service de l'Évangile si l'on ne savait pas en qui on a mis sa confiance, et si l'on ne s'était pas remis à l'écoute de ses appels ? Cependant, ne nous le cachons pas : nous avons tous besoin de nous entraider pour aller ensemble au cœur de la foi.

a. Cet appel à aller résolument au cœur de la foi, l'Église l'a entendu bien des fois au cours de son histoire. C'est même là une loi constante de la croissance de la foi. Dans les périodes critiques, c'est toujours d'un approfondissement de la foi qu'ont procédé les grandes réformes religieuses et spirituelles, les mouvements de renouveau théologique et apostolique.

À chaque époque, les croyants sont appelés à ressaisir d'une façon particulière le sens de la Parole que Dieu leur adresse. Voilà pourquoi le mystère de la foi en sa totalité nous resterait obscur, si nous ne le considérions pas résolument à partir de son centre : le Seigneur Jésus, Fils du Dieu vivant, révélé et livré dans la force de l'Esprit.

b. Nous constatons d'ailleurs que aujourd'hui encore, **c'est lorsque l'appel à aller au cœur de la foi est entendu que l'Église est la plus vivante.**

On en trouverait sans peine des illustrations convaincantes du côté des grandes initiatives apostoliques, théologiques et spirituelles, prises tout au long de ce siècle, comme dans la période actuelle. Jamais elles ne se sont limitées à n'être que des réaménagements de façade ou des opérations de propagande religieuse.

Le courrier reçu à l'occasion du rapport sur la proposition de la foi l'atteste : les catholiques français désirent et pratiquent ce retour aux sources. Aujourd'hui, ils ne sont plus simplement déistes : ils découvrent l'importance de la communion trinitaire de Dieu. La profondeur de leur adhésion au mystère pascal impressionne aussi. Une conception trop étroitement moraliste de la foi cède le pas devant une compréhension infiniment plus ample de la vie chrétienne comme vie dans l'Esprit.

c. De nombreux signes le montrent : nos contemporains sont, sinon en quête d'essentiel, en tout cas aux prises avec des questions radicales, qu'il s'agisse de l'expérience amoureuse au temps du sida, du sens à donner à l'existence humaine surtout quand elle est éprouvée, du prix de la personne humaine, face aux multiples manipulations techniques ou économiques dont elle est l'objet.

Le dialogue avec nos contemporains n'aurait aucune chance de se développer si nous n'étions pas, de notre côté, aussi radicaux. Qu'avons-nous donc d'essentiel à proposer ?

4. L'acte de proposition de la foi.

C'est à partir de cette exigence d'aller à l'essentiel du don de Dieu en Jésus Christ qu'il convient de comprendre ce que nous appelons proposition de la foi dans la société actuelle.

Nous ne cherchons pas à présenter quelque chose de nouveau, mais à reconnaître les conditions nouvelles dans lesquelles nous avons à vivre et à annoncer l'Évangile. **Dans ces conditions nouvelles, tout en demeurant les bénéficiaires de l'héritage reçu, nous avons à devenir des « proposants » de la foi.** Dans ce but, nous sommes appelés à vivre nous-mêmes sous le signe de la nouveauté du don de Dieu, tel qu'il se manifeste en Jésus Christ, dans la force de l'Esprit Saint. Or, inséparablement, nous avons à vérifier l'actualité du mystère de la foi et à former une Église qui évangélise en vivant de ce mystère et en répondant à l'invitation de son Seigneur : « Que votre lumière brille aux yeux des hommes, pour qu'en voyant vos bonnes actions ils rendent gloire à votre Père des cieux » (Mt 5, 16).

1. À travers l'histoire de notre propre foi, quels événements nous ont-ils conduits à une conversion ou à une démarche d'appropriation personnelle ?

2. Comment, au cours des vingt dernières années, la question de la transmission de la foi nous a-t-elle paru évoluer ? En particulier comment nous situons-nous par rapport de l'analyse faite ici sous le titre de « l'héritage à la proposition » ?

3. Comment comprenons-nous pour nous-mêmes l'expression « aller au cœur de la foi » ? À quelles conditions pensons-nous qu'une telle démarche pourra favoriser la proposition de la foi aujourd'hui ?

DEUXIÈME PARTIE

ALLER AU CŒUR DU MYSTÈRE DE LA FOI

Dans cette deuxième partie, nous ne cherchons pas à proposer un nouvel exposé organique et complet de la foi. Nous renvoyons pour cela au Catéchisme de l'Église catholique *et au* Catéchisme des évêques de France. *Nous appelons seulement à effectuer cette « concentration sur l'essentiel » dont l'importance et même la nécessité viennent d'être soulignées.*

En nous appuyant sur les points forts de l'expérience chrétienne de ce temps, notre objectif est de dégager des lignes d'orientation pour l'approfondissement et la proposition de la foi. Il nous semble que nous ne parlerons au cœur et à la conscience de nos contemporains qu'en montrant comment le message de la Révélation relie étroitement la « cause de Dieu » et celle des hommes (I), de quelle manière cette Révélation permet d'affronter l'épreuve et le scandale du mal (II) et pourquoi ce message de la foi inclut des repères moraux pour vivre et pour agir (III).

I. – SE FIER AU DIEU DE JÉSUS CHRIST

Nous, catholiques de France, nous partageons les interrogations des hommes et des femmes d'aujourd'hui face aux nombreuses incertitudes qui marquent la condition humaine et l'état actuel de notre société. Mais, comme beaucoup de nos contemporains, nous avons la conviction suivante : l'existence humaine ne peut se reconnaître un **sens** digne de ce nom qu'à la condition de ne pas s'inscrire tout entière dans la catégorie de ce qui est produit et organisé, mais de se rapporter aussi à des réalités gratuites et non maîtrisables. Autrement dit : **nous pressentons que notre existence repose sur une confiance fondamentale et même sur une foi.**

Mais nous avons d'autant plus la responsabilité de préciser en quoi consiste la foi chrétienne, que nous choisissons de professer. Par là, nous nous mettons en situation de rendre compte de notre spécificité chrétienne, mais aussi de montrer que nos chemins peuvent converger avec ceux de nos contemporains quand ils reconnaissent à leur manière que leur vie d'hommes et de femmes libres implique des actes de confiance, des convictions, des engagements pris et tenus.

Pour notre part, nous ne prétendons pas seulement croire en l'avenir ou en l'humanité, ni même seulement croire en Dieu. Bien plus précisément, nous nous fions au Dieu révélé en Jésus Christ. S'il y a là un « grand mystère », il tient au lien étroit qui, en Jésus Christ, rattache l'un à l'autre Dieu et l'homme, et du même coup, révèle à la fois l'humanité de Dieu et le salut des hommes.

1. Dieu et l'homme.

Comme catholiques, nous n'avons pas le monopole de la foi en Dieu, et nous le savons. Nous savons aussi que d'autres que nous pratiquent le service d'autrui, et œuvrent effectivement pour la paix et la justice entre les hommes.

Nous n'ignorons pas non plus que l'indifférence religieuse coexiste aujourd'hui assez largement avec des expressions multiples du désir religieux.

Ce contexte général nous invite à redécouvrir notre spécificité. Aussi bien du point de vue de la doctrine que du point de vue de l'éthique, le caractère propre de la foi chrétienne est de refuser toute séparation entre la cause de Dieu et celle des hommes.

Prétendre cela n'est pas innover. C'est seulement aller au cœur même de la foi chrétienne, qui est tout entière centrée sur Jésus Christ, qu'elle professe comme vrai Dieu et vrai homme.

De sorte que, en étant disciples de Jésus Christ, nous n'avons pas à fuir le monde, puisque Dieu lui-même est venu en ce monde. Et, corrélativement, nous ne nous éloignons pas de Dieu en nous engageant dans le monde pour y servir les hommes, puisque la volonté du Père qui est aux cieux est que son Royaume germe au sein de notre humanité.

C'est du dedans de l'expérience et de la condition humaines que nous apprenons à adhérer au Dieu de Jésus Christ et à nous fier à ce salut, à cette vie nouvelle qui nous est révélée et communiquée par lui.

À cause de cette Révélation de Dieu en l'homme Jésus, nous avons aussi à apprendre qu'entre Dieu et l'homme il ne s'agit jamais d'un rapport de forces, mais d'un rapport de libertés et, en dernière instance, d'une relation de confiance et d'amour.

2. Le mystère.

Un mot très traditionnel, et déjà vétéro-testamentaire, désigne cette étonnante conjonction entre Dieu et l'homme : le mot « mystère ». Trois raisons au moins l'expliquent.

En lui-même, d'abord, ce terme renvoie à ce qui étonne, à ce qui dépasse l'horizon immédiat de la compréhension humaine.

D'autre part, dans la société actuelle, il peut traduire une certaine redécouverte des réalités religieuses, quand on ne les considère plus comme des survivances archaïques. Il faut préciser cependant que l'on emploie le terme « mystères » au pluriel quand on veut faire appel à cette « culture de l'étrange », à laquelle ont recours le cinéma, la télévision et les bandes dessinées, et où les rêveries religieuses se mêlent à la magie, à la violence et parfois au satanisme.

Enfin, le « mystère » est présent au cœur même de l'acte qui identifie l'Église, puisque telle est l'acclamation qui, au cours de la messe, suit la consécration du pain et du vin : « Il est grand le mystère de la foi ! »

Cependant, ces multiples résonances ne dispensent pas de faire un emploi judicieux de ce terme. Selon la grande tradition biblique, le mystère concerne avant tout l'initiative gratuite que Dieu a prise de se révéler aux hommes, pour sceller avec eux une Alliance indéfectible. Pourquoi « Celui que les hommes nomment Dieu » (saint Thomas) a-t-il ainsi résolu de lier sa propre cause transcendante à celle, si menacée, des hommes ? Et « Qu'est-ce que l'homme, Seigneur, pour que tu penses à lui, le fils d'un homme, que tu en prennes souci ? » (Ps 8, 5).

En confessant que Dieu a envoyé son propre Fils prendre chair en Jésus, la foi chrétienne ne rabaisse pas le mystère. Elle en montre au contraire la profondeur en même temps que le caractère étonnant : comment comprendre que l'Éternel et Tout-Puissant se solidarise à ce point avec la faiblesse humaine, en compromettant sa propre cause avec celle de l'homme ? Et pourquoi être surpris de ce que les hommes, pressentant ce mystère sans pouvoir à eux seuls le déchiffrer, en cherchent la solution dans tant de directions, parfois si obscures ou si dangereuses ?

Une attente est inscrite au plus profond de l'être humain, de ce « mystère » dont chacun de nous est porteur et qui nous renvoie au mystère même de Dieu.

La foi inclut cette espèce d'étonnement devant la Présence cachée de Dieu au cœur du mystère de l'homme. À ce niveau de l'expérience religieuse, nous sommes appelés à entrer en dialogue avec tous les chercheurs de Dieu, parce que, pour nous, cette Présence divine rayonne sur le visage de cet homme nommé Jésus, qui est le Fils unique du Dieu vivant.

3. L'humanité de Dieu.

L'apôtre Pierre témoigne pour toujours de cette Vérité bouleversante de Jésus : « Tu es le Christ, le Fils du Dieu vivant » (Mt 16, 16). Ainsi se trouve reconnue et confessée publiquement l'humanité de Dieu, en même temps que la profondeur trinitaire de ce mystère, puisque Jésus, le Fils, ne se comprend que dans sa relation intime à Celui qu'il appelle Père et à qui il est uni dans l'Esprit.

a. Mystère de Dieu comme Dieu.

En devenant ainsi l'un d'entre nous, en Jésus Christ, Dieu ne dévalue pas sa divinité. Il la révèle dans sa plénitude, car il demeure le Dieu toujours plus grand, le Tout-Autre, dans l'acte même par lequel il assume notre humanité : « C'est lui-même qui a brillé dans nos cœurs pour faire resplendir la connaissance de sa Gloire qui rayonne sur le visage du Christ » (2 Co 4, 6).

On pourrait penser qu'une telle connaissance de Dieu est réservée à une élite de spirituels et de mystiques. Mais l'expérience ordinaire de l'Église l'atteste : des pauvres et des petits, des hommes et des femmes désarmés devant la vie, mais qui savent prier et aimer, perçoivent cette lumière de Dieu et la rayonnent. L'action de grâces de Jésus se vérifie : « Je te bénis, Père, Seigneur du ciel et de la terre, d'avoir caché cela aux sages et aux savants et de l'avoir révélé aux tout-petits » (Mt 11, 25).

Nous ne devons pas hésiter à proposer cette expérience de Dieu à tout le peuple des baptisés : de multiples pédagogies spirituelles peuvent y contribuer et, à ce niveau de la recherche de Dieu et de l'expérience chrétienne de Dieu révélé en Jésus, des croyants, différents par leurs engagements, se trouvent proches les uns des autres, tendus vers le même horizon, vers la même Présence.

b. Mystère de Dieu comme le Père.

Cette Présence est celle du « Père des cieux », que nous osons appeler « notre Père ». Confesser ainsi la paternité de Dieu, c'est dire qu'il est tourné vers les hommes et qu'il nous manifeste inlassablement sa bienveillance et sa miséricorde. **Il est le Bienveillant et le Miséricordieux par excellence.**

Certes, d'autres religions mettent aussi en lumière la paternité de Dieu et la relation filiale que nous pouvons entretenir avec le Tout-Autre. Mais cette commune perception de Dieu ne nous empêche pas de préciser que la paternité de Dieu s'exerce par rapport à Jésus d'une manière unique. Jésus vit en effet dans une relation d'intimité totale avec Celui qu'il appelle *Abba* et à qui il livre tout, dans une confiance absolue. Ainsi se trouve révélée l'existence en Dieu lui-même d'un mystère infini de Don.

Dieu est ce Père qui ne désespère d'aucun de ses enfants, comme Jésus le montre par la parabole de l'enfant prodigue (Lc 15, 11-32). À partir d'une telle révélation, on peut parler du cœur de Dieu, de sa miséricorde active : car « Dieu est riche en miséricorde, à cause du grand amour dont il nous a aimés » (Ep 2, 4).

Il nous appartient de comprendre que cette affirmation de la miséricorde de Dieu n'est pas facultative ou liée à des traditions particulières, mais qu'elle est constitutive de la Révélation chrétienne de Dieu comme Père. On ne peut pas découvrir la Vérité de Dieu et en vivre sans être saisi par la force de cette miséricorde qui se manifeste dans l'Incarnation et la Passion du Fils.

c. Mystère de Dieu comme le Fils.

« Car Dieu a tant aimé le monde qu'il a donné son Fils unique afin que tout homme qui croit en Lui ne périsse pas, mais qu'il ait la vie éternelle » (Jn 3, 16). De sa naissance à sa mort et à sa Résurrection, toute l'existence terrestre de Jésus le manifeste comme totalement référé au Père, dont il reçoit tout, et totalement engagé dans l'œuvre du salut, dont le Père est la source.

Mais l'étonnant n'est pas seulement l'Incarnation du Fils, qui vient demeurer parmi nous pour manifester l'Amour du Père.

L'étonnant est aussi qu'en Jésus, le Verbe fait chair, Dieu se soit montré si humain. Humain, d'abord, parce qu'il se montre plus humain que les hommes eux-mêmes : il va vers les plus perdus des hommes, les petits et les exclus, les malades et les pécheurs. Mais humain aussi, parce qu'il partage tout de notre humanité, la souffrance et la violence, l'injustice et la mort, jusqu'à la Croix. Totalement humain, jusqu'à nous offrir de partager sa propre vie : « Père, je veux que là où je suis, ceux que tu m'as donné soient eux aussi avec moi, et qu'ils contemplent la gloire que tu m'as donnée » (Jn 17, 24).

La foi en Jésus, le Fils, inclut cette audace qui consiste à accueillir la vie même de Dieu en notre vie humaine. Si nous proposons aux hommes la Parole de Dieu et les sacrements de la foi, ce n'est que dans ce but : pour que nous connaissions la joie de vivre et d'aimer en enfants de Dieu, à la suite du Fils, dans la force de l'Esprit.

d. Mystère de Dieu comme l'Esprit.

Car c'est par le don de l'Esprit, à partir de l'événement de Pentecôte, que le Père associe les hommes à la vie de son propre Fils.

Ainsi le mystère pascal vécu par Jésus s'inscrit dans nos existences : il nous est offert de vivre notre vie et notre mort dans cette dynamique de don que l'Esprit Saint suscite et anime. Et cette dynamique nouvelle veut s'étendre à l'ensemble de l'histoire et de la création, qui « gémit encore dans les douleurs de l'enfantement » (Rm 8, 22), mais qui « garde l'espérance, car elle aussi sera libérée de l'esclavage de la corruption » (Rm 8, 20-21).

L'Esprit Saint, qui vient d'en haut, du Père des cieux et qui passe par Jésus, est envoyé pour convertir nos cœurs à l'Amour de Dieu et des autres, mais aussi pour qu'au-dedans de notre humanité soit enfantée une nouvelle création, délivrée du mal et de la mort (voir Rm 8, 22-23).

Nous ne devons pas séparer ces deux actions de l'Esprit Saint, qui veut susciter une nouvelle naissance à la fois dans l'intimité des cœurs et des consciences, et dans la complexité du monde et de l'histoire. L'expérience chrétienne de l'Esprit Saint a toujours cette double dimension : personnelle et historique, intérieure au cœur de l'homme et à l'histoire entière du salut.

e. Le mystère de Dieu et l'Église.

Face à cette révélation de la profondeur trinitaire et de l'humanité de Dieu, il est évident que nous avons besoin d'une initiation permanente. Car il ne suffit pas d'enseigner aux catéchumènes et aux jeunes, qui demandent le baptême et la confirmation, ces éléments fondamentaux du *Credo*. Tous, nous sommes appelés à aller à la découverte du Dieu vivant et vrai, à le chercher, à le connaître et à le prier tel qu'il se révèle à nous en Jésus Christ.

La nécessité d'une telle initiation, au départ de toute expérience de foi, mais aussi tout au long de notre vie chrétienne, manifeste bien la nature profonde de l'Église. Celle-ci n'est pas seulement une institution pédagogique, dont le rôle se terminerait avec l'admission au baptême. Certains catéchumènes peuvent avoir une difficulté à quitter le groupe d'accompagnement, qui les a aidés à se préparer au sacrement du baptême, pour entrer dans une communauté ecclésiale « ordinaire ». Mais ce passage est une condition de leur persévérance dans la vie chrétienne, et nous devons, en retour, interroger les communautés déjà constituées sur la manière dont elles se rendent attentives, ou non, à l'accueil de ces nouveaux chrétiens.

C'est le signe que nous avons tous besoin de l'Église comme de ce milieu nourricier où s'enracine l'expérience de la foi. L'Église, en effet, n'est pas extérieure au mystère qu'elle annonce. Elle n'est pas seulement le groupe des « amis du Christ », ou l'association de ceux qui se souviennent de lui. Elle est, nous dit le concile Vatican II, « dans le Christ, en quelque sorte le sacrement, c'est-à-dire à la fois le signe et le moyen de l'union intime avec Dieu et de l'unité de tout le genre humain » (*Lumen gentium*, n° 1). C'est en elle et par elle que l'humanité de notre Dieu peut, aujourd'hui et jusqu'à la fin des temps, se donner à connaître dans le monde. L'Église, Corps du Christ, et Temple de l'Esprit, doit répercuter auprès de tous les hommes l'appel que Dieu veut leur adresser.

4. Le Dieu Sauveur et les dimensions du salut.

Il y a eu des époques où un déisme diffus semblait soutenir naturellement la foi chrétienne. Ce n'est plus le cas aujourd'hui. Nous sommes d'autant plus libres pour comprendre la nouveauté de Dieu, tel qu'il vient à nous en Jésus Christ. **Nous ne serons crédibles aux yeux des autres que si nous avons appris ou réappris nous-mêmes en quel Dieu nous croyons et ce qu'il fait pour nous.**

Le Dieu auquel nous nous fions est le Dieu qui s'engage « pour nous les hommes et pour notre salut », jusqu'à nous donner son propre Fils.

a. Il ne faudrait pas penser que cette catégorie du

salut serait comme extérieure à la Vérité de Dieu. Le Dieu qui se révèle est en lui-même le Dieu sauveur. De sorte que tout événement et toute parole de révélation deviennent un événement et une promesse ou un geste de salut. Telle est l'Alliance contractée avec Abraham et Moïse, cette Alliance primordiale par laquelle Dieu se choisit un peuple appelé à témoigner, au milieu des nations, de son engagement fidèle pour les hommes.

La Vierge Marie atteste d'une manière unique cette fidélité du Dieu de l'Alliance à son peuple : « Il relève Israël son serviteur, il se souvient de son Amour, de la promesse faite à nos pères, en faveur d'Abraham et de sa race à jamais » (Lc 1, 54-55). Marie manifeste aussi ce que peut être la réponse humaine à la proposition d'Alliance de Dieu : héritiers d'une longue tradition, les chrétiens l'ont toujours considérée comme le modèle de notre pèlerinage dans la foi.

Jésus, né de la Vierge Marie et Fils du Dieu vivant, est lui-même l'accomplissement de cette Alliance à laquelle il se réfère dès sa première prédication à Nazareth : « Aujourd'hui, cette Parole de l'Écriture est accomplie pour vous qui l'entendez » (Lc 4, 21).

L'Évangile du Christ est l'attestation et l'annonce de cette nouvelle Alliance réalisée de l'intérieur de notre humanité et désormais offerte à tous les peuples et à chaque être humain, à commencer par les pauvres et les pécheurs, car, selon l'avertissement de Jésus, « votre Père qui est aux cieux veut qu'aucun de ces petits ne se perde » (Mt 18, 14).

b. Nous avons besoin d'apprendre ou de réapprendre l'histoire et la réalité intégrale de cette Alliance du Dieu vivant avec nous, de cet engagement plénier qui s'accomplit dans le mystère du Christ et qui est au cœur de la mission chrétienne. Il nous semble utile de souligner ici certaines des dimensions constitutives de ce mystère du salut, dont nous sommes à la fois les héritiers et les témoins.

1. L'Alliance nouvelle accomplie en Jésus Christ est inséparable de l'Alliance primordiale conclue avec Abraham et sa descendance. L'Évangile ne peut pas être dissocié des promesses faites au peuple d'Israël, pour la raison fondamentale que le Père de Jésus est le Dieu de l'Alliance, le Dieu d'Abraham et de Moïse.

C'est donc pour nous, chrétiens, un devoir permanent et parfois urgent de lutter contre toutes les expressions de la foi qui introduiraient une opposition entre l'Ancien et le Nouveau Testament, entre la Loi de Moïse et l'Évangile du Christ, voire entre le Dieu de Moïse et le Dieu de Jésus. La foi en Jésus Christ suppose l'histoire totale de l'Alliance de Dieu avec les hommes et le respect de cette histoire.

2. En même temps, nous avons la liberté de reconnaître que le salut de Dieu s'est accompli de façon définitive par un homme, qui a vécu notre vie d'homme, nos luttes et nos souffrances humaines, et qui est mort de notre mort. **Accueillir le salut ne peut donc pas être considéré comme humiliant, comme s'il nous était octroyé de l'extérieur** : en Jésus Christ, Dieu est venu et vient au sein de notre humanité et de notre histoire « chercher et sauver ce qui était perdu » (Lc 9, 10).

Si l'expérience des catéchumènes et des recommençants est tellement significative, c'est pour cette raison : ces hommes et ces femmes découvrent et vivent l'actualité du mystère du salut de l'intérieur même de leurs attentes et de leur existence souvent précaire. Ils comprennent que Dieu vient agir au-dedans même de ce qui entrave leur vie et qu'il leur rend confiance en leur propre liberté.

3. Si Dieu est ainsi le Dieu sauveur, le Dieu qui se révèle comme étant intégralement et passionnément pour nous et avec nous, alors notre foi en Dieu ne peut jamais exclure l'engagement au service des hommes, surtout quand leur dignité d'enfant de Dieu est oubliée ou bafouée.

Nous ne pouvons pas laisser croire qu'il nous faudrait choisir entre Dieu et les hommes, entre la foi en Dieu et le service des hommes. Tout au contraire : la foi véritable et intégrale au Dieu de Jésus Christ implique, du même mouvement, qui est celui même du Fils, l'ouverture au Père et l'amour du prochain.

Mais, pour les mêmes raisons, lorsque nous nous engageons, de multiples façons, au service des hommes, nous avons la liberté de laisser apparaître et parfois de dire clairement quelles sont nos raisons d'agir ainsi, en précisant que notre raison ultime, c'est Jésus, le Seigneur qui se fait Serviteur et qui nous appelle à servir comme lui.

4. Enfin, croire en ce salut de Dieu change notre façon d'envisager toute existence humaine et donne aussi de comprendre autrement notre histoire en ce monde et même l'achèvement de cette histoire. Car « ni la mort, ni la vie, ni les dominations, ni le présent, ni l'avenir, ni les puissances, ni les forces des hauteurs, ni celles des profondeurs, ni aucune autre créature, rien ne pourra nous séparer de l'amour de Dieu manifesté en Jésus Christ notre Seigneur » (Rm 8, 38-39).

Même si nous partageons les angoisses de notre monde, **nous croyons que l'existence humaine est comme portée et enveloppée par un amour sans conditions, que rien ne pourra remettre en cause,** et que la grâce de Dieu accompagne et accompagnera en toutes circonstances notre histoire. Et nous espérons aussi que la mort, parfois si violente, ne scellera pas notre destin, car nous sommes promis à la résurrection de la chair et à la vie éternelle.

Face à toutes les peurs de notre époque, nous ne pouvons pas taire cet achèvement de notre condition humaine, dans la lumière de l'Amour. L'Alliance de Dieu va jusqu'à ce monde nouveau, transfiguré, où nous sommes attendus. Cette espérance-là continue à soutenir ceux et celles qui luttent contre la mort et les puissances de mort, et qui osent donner leur vie, à cause de Jésus Christ.

1. Nous avons diverses images de Dieu. Pouvons-nous les exprimer et les confronter avec ce qui est dit de l'humanité de Dieu révélée en Jésus Christ, p. 47-52 ?

2. En quoi une telle confrontation nous motive-t-elle et nous éclaire-t-elle pour dialoguer avec des membres d'autres religions ?

3. La foi chrétienne présente le Dieu révélé en Jésus Christ comme Sauveur. Quelle expérience avons-nous de ce salut ? Si oui, en quoi notre façon de concevoir et de conduire notre existence s'en trouve-t-elle modifiée et éclairée ?

II. – AFFRONTER L'ÉPREUVE DU MAL

L'expérience le montre à tous et à chacun de nous : **c'est la réalité et le scandale du mal qui constituent l'épreuve principale de la foi en Dieu.** Comment croire après les horreurs des camps de concentration nazis et du goulag soviétique, et après d'autres épisodes sanglants de notre histoire ? Comment affirmer encore la bonté de Dieu, quand nous sommes témoins de ces déchaînements de haine et de violence, qui détruisent des personnes et des peuples ? Comment oser dire que l'Amour de Dieu est plus fort que le mal, quand nous mesurons la force des pulsions de mort qui habitent notre humanité et qui nous habitent nous-mêmes ?

1. Une question qui redouble d'intensité.

Le mal est aujourd'hui omniprésent, banalisé, parfois dénié ou travesti. Médiatisé, il déferle en permanence. Multiple, il dépasse en horreur ce que l'on croyait indépassable. Il provoque des réactions de culpabilité ou d'impuissance. D'autant plus qu'il y a quelques années la partition du monde en deux grandes idéologies antagonistes permettait à moindres frais de donner une explication au mal et aux malheurs : en fonction de son camp, chacun pouvait attribuer à l'autre la responsabilité des violences et des guerres. La chute des murs et le déclin des idéologies rendent impossible ce genre de justifications. **Aujourd'hui, le malheur est nu.**

Et comme le malheur est nu, les motifs religieux interviennent dans l'analyse des conflits qui déchirent des pays et des peuples. Il arrive que le fait religieux lui-même est présenté comme l'origine des maux qui s'abattent sur notre terre, d'autant plus que des poussées nationalistes sont souvent liées à des formes d'intégrismes religieux.

Nous ne pouvons pas mésestimer ce contexte relativement nouveau qui entremêle religion et violence, religion et entrave à la liberté. Il nous oblige encore davantage à affronter le mystère du mal, en allant aux sources de la Révélation chrétienne.

2. Disciples de Jésus Christ face au mal.

Le Dieu auquel nous croyons, non seulement n'est pas extérieur à la réalité du mal, mais il se révèle pleinement au cœur de la puissance du mal. Sur la Croix, Jésus est à jamais le Juste souffrant, que la folie des hommes rejette et fait mourir. Mais il devient aussi le « premier-né d'entre les morts », le Ressuscité, en qui l'Amour du Père est victorieux de tout mal.

Si le mystère pascal de Jésus Christ mort et ressuscité fonde notre existence chrétienne, nous ne devenons vraiment disciples de Jésus Christ que par une profonde conversion.

Avant tout, **nous ne pouvons pas envisager le mal comme une réalité absolument extérieure à notre histoire humaine, puisque Dieu lui-même vient au-dedans de notre histoire assumer notre mal.** Au long des siècles et aujourd'hui, des hommes tentent toutes sortes d'excursions pour répondre à la question du mal : dans les astres, dans l'ésotérisme, dans les forces mystérieuses de l'au-delà.

Nous devons refuser tous les systèmes manichéens

qui conçoivent la création et l'histoire humaines comme le résultat d'un conflit entre des forces du bien et des forces du mal, et qui proposent à leurs adeptes d'échapper à ce conflit en se rangeant du côté des forces du bien et en se prétendant indemnes de tout mal. Il est même indispensable de démasquer, s'il le faut, cette tentation manichéenne, dans telle ou telle façon de concevoir la vie chrétienne et l'Église.

En tant que chrétiens, nous ne cherchons pas d'abord à expliquer l'origine du mal. Nous faisons face à la réalité du mal, dans notre histoire personnelle et dans l'histoire de notre monde, à la manière de Jésus. Lui, le Seigneur, a affronté l'Adversaire, Satan, qui lui proposait de dominer le monde par les moyens de la puissance humaine. Il a surmonté cette tentation et, surtout, il a exercé sa mission de Sauveur à l'égard de toutes les personnes qui venaient à sa rencontre, tout particulièrement à l'égard des malades, des souffrants, des exclus et des pécheurs.

Devenir disciples de Jésus Christ, le Sauveur, ne nous appelle donc pas seulement à faire face au mal, mais **à témoigner de cette force de salut qui a sa source en Jésus et qui engendre un monde délivré du mal et de la mort.** La Résurrection du Christ ouvre parmi nous le chemin de la vie renouvelée, chemin sur lequel les blessés, les exclus de toutes sortes sont rétablis en humanité, restaurés dans leur dignité d'enfants de Dieu. Dans son action concrète, Jésus manifeste l'œuvre du Dieu de la vie, et il donne aux hommes et aux femmes la certitude que, si leurs choix sont du côté de la vie reçue et donnée, ils sont dans le dynamisme de sa Pâque.

3. Sens de la liberté et sens du péché.

Car la tradition biblique et ecclésiale a toujours affirmé la responsabilité des hommes dans l'histoire : c'est du cœur et de la conscience des hommes que naissent la violence et le mal. L'affirmation même du péché originel est une façon de faire valoir la liberté de l'homme, qui ne doit plus se décharger de sa responsabilité sur des boucs émissaires.

Si « la Parole de Dieu passe au crible les mouvements et les pensées du cœur » (He 4, 12b), son annonce conduit à une éducation des consciences. **La reconnaissance par un être humain du mal qu'il accomplit fait partie de sa dignité, et souligne sa responsabilité par rapport aux actes qu'il pose et qui peuvent blesser et même détruire les autres. Face à l'expérience du mal, la foi chrétienne inclut cet appel primordial à la liberté personnelle.**

D'autant plus que toute la pédagogie du Christ, tout au long de l'Évangile, commence par cette confiance primordiale dans la liberté des hommes et des femmes pécheurs et blessés par le mal, qu'il rencontre. S'il leur révèle leur état de pécheurs, c'est à partir de cette confiance primordiale, et avec le désir de libérer leurs libertés captives en vue d'une vie nouvelle. L'expérience du péché aboutit alors à l'expérience de la conversion, comme pour la femme de Samarie (voir Jn 4, 1-12) ou pour le publicain Zachée (Lc 9, 1-10).

L'Église tout entière est appelée à pratiquer cette même pédagogie, grâce à laquelle l'aveu du péché aboutit à la délivrance d'hommes et de femmes qui peuvent témoigner du pardon de Dieu, communiqué personnellement en Jésus Christ. Alors que la culture dominante insiste sur le caractère inéluctable des conditionnements de la liberté, la foi chrétienne affirme le pouvoir de la liberté elle-même, si limité qu'il soit, pour « faire la vérité » et pour « marcher dans la vérité ». Une telle affirmation est aussi une manière de participer au combat pour la libération des hommes.

En d'autres termes, le Dieu de Jésus Christ n'est en aucune façon ni l'auteur du mal, ni l'inquisiteur des consciences humaines. Quand Dieu fait Alliance avec l'humanité, ce n'est pas pour entraver notre liberté. Bien au contraire, il vient sans relâche la créer, la promouvoir et la sauver. Et quand il doit affronter le refus des hommes, il va jusqu'au bout du don de soi, en Jésus, son Fils, « qui passe de ce monde à son Père en aimant les siens jusqu'au bout » (Jn 13, 1).

4. Le mystère de la Croix.

Le signe de la Croix, le « mystère » de la Croix révèlent pleinement l'humanité de Dieu dans l'épreuve du mal, sous toutes ses formes : violence, trahison, reniement, abandon. Mais Jésus, quand il est livré, fait de sa mort un acte de liberté, au point de devenir pareil au grain de blé qui tombe en terre, qui se défait et qui porte du fruit (voir Jn 12, 24).

En passant ainsi de ce monde à son Père, Jésus inscrit dans le monde, une autre logique, qui n'est pas de ce monde : celle d'un Amour désarmé qui, au plein cœur du mal, veut et crée un monde réconcilié. « En sa personne, il a tué la haine » (Ep 2, 16).

Bien des fois tout au long de l'histoire, et encore aujourd'hui, se vérifie cette fécondité de la Croix, vécue par des chrétiens qui donnent leur vie jusqu'au bout.

Mais cette vocation est aussi la nôtre en permanence. Nous sommes appelés, à la suite de Jésus, à affronter l'épreuve du mal, avec la force de la foi, en y ouvrant des chemins de résurrection.

Cet affrontement exige que nous nous tenions et que nous agissions là où des êtres humains souffrent, désespèrent et attendent une délivrance. Dans notre société souvent dure et inquiète, nous avons à défendre l'humanité des hommes contre tout ce qui la défigure : injustice, violences, mépris des faibles et des petits.

Mais la lutte n'est pas notre dernier mot. Le dernier mot, si l'on peut dire, est à la résurrection. En ce monde qui continue à « gémir dans les douleurs de l'enfantement » (Rm 8, 22), nous témoignons d'une création nouvelle, dont les signes sont déjà présents, et en particulier ce signe du don de soi, de l'abnégation, de l'amour désintéressé qui se manifeste, même dans les pires conditions de violence et de haine, et même sans être référé à la profession de la foi chrétienne.

En tout cas, **dans nos rencontres entre chrétiens, nous devons apprendre à pratiquer davantage cette lecture pascale de tous les événements de notre existence et de notre histoire.** Si nous ouvrons les Écritures, comme Jésus le fait avec les disciples d'Emmaüs (voir Lc 24, 27), c'est pour comprendre comment dans les souffrances du temps présent se prépare la gloire qui doit se révéler un jour.

Et surtout, nous croyons que le lieu principal où s'inscrit en ce monde le mystère pascal, c'est le sacrement de l'eucharistie. À travers les gestes et les paroles du pain rompu et de la coupe partagée se trouve vraiment actualisée pour nous la puissance de résurrection qui a sa source dans le sacrifice du Christ, et nous-mêmes, nous sommes invités à devenir le Corps total du Christ pour la vie du monde.

1. Nous sommes tous confrontés au mal. Prenons le temps de partager fraternellement notre expérience à ce sujet.

2. Les points 2 et 3 nous invitent à un échange dans la foi. À quelle formation et à quel approfondissement cela nous appelle-t-il ?

3. Comment nous-mêmes et nos communautés sommes-nous concrètement solidaires des hommes et des femmes qui sont souffrants, blessés ou confrontés au mal ? Dans quelle mesure voyons-nous là une mission essentielle de l'Église ?

III. – VIVRE ET AGIR SELON L'ESPRIT

Notre expérience de disciples de Jésus Christ est déconcertante : elle comprend en même temps des cris de souffrance, des luttes et la joie de participer à l'enfantement d'un monde nouveau. C'est le signe que l'Esprit apprend aux chrétiens à « vouloir ce que Dieu veut ». Plus nous nous laissons guider par ce désir, plus nous décidons de nos actes dans une dynamique d'amour, l'Amour même qui animait le Christ et lui faisait accomplir la volonté du Père (voir Ph 2, 6-11). Si telle est bien l'expérience chrétienne spécifique, **il nous est impossible d'exclure l'Esprit du champ de notre agir quotidien.**

1. Foi chrétienne et vie morale.

Effectivement, depuis deux mille ans, **la foi au Dieu de Jésus Christ, don de l'Esprit Saint, a eu un impact dans la vie des hommes et a façonné leur agir.** Il importe de voir à quelles conditions il en va ainsi. L'exigence évangélique ne se substitue pas à la Loi éthique qui s'impose à toute conscience (Rm 1, 19-21), mais elle vient transformer du dedans le rapport à la Loi et à son caractère d'obligation. Elle joue ainsi un rôle spécifique dans la formation de la conscience, en faisant retentir l'appel à revêtir les sentiments qui sont en Christ Jésus (Ph 2, 5) et à vivre de son amour. Par la foi, les chrétiens reçoivent un soutien et un milieu de vie qui façonne une manière de voir le monde et des manières d'agir à partir de l'incorporation au Corps du Christ par le baptême.

En fait, la vie morale modelée par la foi est toujours informée par une interprétation, qui prend en compte le déjà donné de la vie éthique et l'exigence critique de la foi. Des mœurs effectives, une morale concrète, certaines conceptions des comportement humains préexistent à la foi dans les différentes cultures traversées par le christianisme. L'histoire des éthiques chrétiennes nous oblige à reconnaître l'importance de ce travail d'interprétation et le caractère relatif des inventions possibles.

Et pourtant, cette créativité éthique de la foi chrétienne n'exprime pas l'autonomie de l'homme centré sur lui-même. Elle est une créativité humaine ouverte à l'action de l'Esprit. Lorsque certains de nos contemporains disent que la foi ne tient pas une grande place dans leurs décisions pratiques, parce qu'elles seraient le résultat d'un discernement seulement rationnel, ils risquent de faire l'impasse sur ce qu'il y a de spécifique dans le sens de l'existence que confère la foi et sur l'enracinement de notre agir dans le mystère du Christ.

En nous dispensant de lier notre agir à notre foi, nous ne sommes fidèles ni à la présence de Dieu dans nos vies, ni à l'attente de nos contemporains en ce qui concerne des points de repère éthiques. Cette attente se manifeste notamment chez des jeunes qui se préparent au sacrement de confirmation et qui posent souvent des questions radicales : « Pourquoi vivre ? Et pourquoi aimer la vie, surtout quand elle est dure ? Pourquoi ne pas se donner la mort ? À qui faire confiance, quand on désire aimer ? Pourquoi servir la vie et la liberté des autres, surtout quand ils ne nous comprennent pas ? Où trouver des raisons de vivre et d'espérer qui ne trompent pas ? »

Si tel est bien l'enjeu de notre foi, nous ne saurions renoncer à l'exigence éthique qui lui est liée. Mais face à une telle exigence, que de résistances, d'obstacles et de malaises !

2. La crise de l'annonce morale chrétienne.

Alors que l'on constate un véritable retour du discours éthique dans le débat public, le désarroi reste grand devant l'affaiblissement de l'autorité normative de l'Église qui ne parvient pas, dans ses propres rangs, à faire l'unanimité sur certains comportements. Depuis la crise engendrée par la réception de l'encyclique *Humanae vitae*, les consciences, façonnées dans une société permissive, sont devenues de plus en plus imperméables à l'enseignement du magistère, notamment dans le domaine de la morale sexuelle. Si bien que, dans l'expérience pastorale de beaucoup de responsables de l'annonce de la foi, on peut noter un réel malaise dès qu'il s'agit de s'avancer sur le terrain de la morale.

On en vient à se demander s'il est opportun, voire fondamental pour le sens même de la foi, de lier la proposition de la foi à une éthique. Ne devrait-on pas, quand on propose la foi chrétienne, se concentrer seulement sur le cœur de la foi, que l'on appelle le kérygme (voir 1 Co 15, 3-5), en excluant la morale ? Ou bien faudrait-il faire de la morale le domaine privilégié pour l'éducation de la foi et l'appel à la conversion ?

En fait, on assiste à une redéfinition implicite de l'identité catholique qui ne jouerait pas sur des choix moraux spécifiques, mais qui serait seulement garantie par l'accueil du kérygme et par le témoignage public de la foi. La morale deviendrait alors périphérique et laissée à l'appréciation de la conscience autonome de chacun. De nombreux chrétiens estiment qu'il n'est pas nécessaire d'avoir la foi pour bien se conduire et qu'il n'y aurait pas de morale chrétienne spécifique dans son contenu normatif ou dans sa méthodologie. Pour preuves : un incroyant humaniste peut se comporter de la même manière sinon mieux qu'un chrétien, et des chrétiens pratiquants peuvent avoir des choix éthiques différents. Au mieux, chacun serait appelé à trouver des gestes et à faire des choix en cohérence avec sa fidélité à Jésus Christ, mais l'unité du témoignage chrétien n'est pas cherchée dans la cohérence des comportements que garantirait l'Église.

C'est donc que « la foi n'est pas à confondre avec la morale ». Mais si cette affirmation est vraie, un danger demeure : **celui de ne plus voir en quoi la rencontre du Dieu de Jésus Christ peut modifier et éclairer d'une manière nouvelle le sens de nos vies et par là**

le domaine de notre agir concret. L'agir chrétien peut-il être séparé de ses racines théologales, rejetant la foi dans un arrière-monde sans lien avec l'agir quotidien ? Or la radicalité des questions éthiques, notamment celles que se posent les plus jeunes de nos communautés, nous invite à comprendre pourquoi et comment nos façons de vivre et d'agir sont inséparables de notre proposition de foi.

3. Lier le kérygme à une éthique : une exigence de l'acte de foi.

Si, de tout temps, l'annonce de l'Évangile fut exigeante, c'est qu'elle doit se faire témoignage. Témoignage de la source vive qui a changé notre vie et que nous osons proposer à la liberté d'autrui, mais aussi témoignage en actes qu'une vie est réellement transformée lorsqu'elle propose une telle foi. Les premières communautés chrétiennes ne se sont pas contentées d'annoncer le Christ ressuscité, elles ont attesté aussi la puissance transformatrice de la foi et l'ont incarnée dans un agir dont la référence était la pratique de Jésus.

Aussi, même si la morale est un des sujets les plus épineux aujourd'hui pour notre Église, **il nous faut oser lier la proposition de la foi à la morale, car il en va de la définition même de l'acte de foi en Jésus Christ.** Dire « je crois » n'engage pas seulement une confiance en la grâce de l'Esprit, voire une connaissance personnelle de Dieu, mais un agir qui atteste que nous vivons bien sous la motion de l'Esprit. « Si nous vivons par l'Esprit, marchons aussi selon l'Esprit » (Ga 5, 25). La foi est plus que la connaissance de ce que Dieu a fait pour nous. Elle est plus qu'un assentiment intellectuel, ou plus que l'espérance de ce que Dieu fera pour nous. Elle est aussi notre participation effective à ce que Dieu est en train de faire aujourd'hui en nous par son Esprit.

Comment se laisser saisir par l'Esprit du Christ, en confessant que par le baptême nous sommes devenus membres participants de son Corps, sans voir que toute notre existence est appelée à se réaliser dans un combat spirituel et éthique, où il s'agit d'accéder à notre pleine humanité, en servant Dieu dans le service de nos frères et de nos sœurs ?

Le lien entre la foi et la morale est donc constitutif de l'expérience chrétienne : toute séparation rendrait vaine l'adhésion de la foi, en la privant de sa nature spécifique de réponse à l'amour prévenant de Dieu. La réponse à cet amour gratuit de Dieu ne se réduit pas à un discours, **elle s'accomplit dans un témoignage concret d'amour qui s'exprime en actes.** « Petits enfants, n'aimons ni de mots, ni de langue, mais en actes et en vérité » (1 Jn 1, 13). Les gestes les plus simples de bonté et de compassion accomplis à l'égard de « l'un de ces plus petits » (voir Mt 25, 45) peuvent exprimer notre relation à Dieu. Tout choix, dans l'instant présent, est une prise de position de notre liberté devant Dieu.

4. Le lien entre la foi et l'agir renouvelle la morale chrétienne.

La vie morale chrétienne ne peut pas se couper de ses racines théologales. Mais cette exigence fondamentale ne fait de la foi ni une supermorale, ni une morale du code. C'est pourtant une tentation qui nous guette, par exemple quand on interprète les Béatitudes comme un programme de vie idéale, au lieu d'y voir une parole du

Christ qui propose à notre désir humain d'accomplir sa vocation.

Si la foi chrétienne se caractérise par l'éveil et la mise en route de notre liberté humaine, appelée à inventer les chemins concrets de sa fidélité dans l'Esprit, alors **la morale chrétienne, fondée sur le commandement de l'amour, ne s'épuise pas dans l'accomplissement des seules prescriptions de la Loi.** Ce qui se joue dans le processus de la conversion n'est rien d'autre que l'accès à la vie nouvelle en Jésus Christ instaurée par l'Esprit. Quand l'apôtre Paul, s'adressant aux Galates, leur dit : « Par l'amour, mettez-vous au service les uns des autres » (Ga 5, 13), il n'exige rien d'autre que de déployer l'être nouveau suscité par le baptême.

La vie chrétienne n'est donc pas d'abord constituée par la seule conformité à des normes éthiques, mais fondamentalement par une disposition et une orientation de la liberté humaine qu'a suscitées l'accueil du salut de Dieu en Jésus Christ. L'expérience des nouveaux venus à la foi le manifeste clairement : au sujet engendré par l'Esprit, la foi ne dicte pas son comportement de l'extérieur, selon des principes mathématiques qui devraient s'inscrire dans le réel. Mais elle suscite une liberté inventive, animée par la charité et par l'espérance. Et l'Esprit ne demande pas à chacun les mêmes choses. La diversité des charismes et des vocations est une donnée essentielle, même si tous sont invités à se conformer au même Esprit du Christ.

Comme dans la parabole du fils prodigue (Lc 15, 11-32), la liberté humaine, après bien des errances et des épreuves loin de sa demeure, dans la terre d'esclavage, découvre qu'elle a été précédée par le pardon du Père qui vient à sa rencontre. **Demeurer de manière stable dans ce don de Dieu est possible à la liberté humaine,**

avec toutes ses fragilités, parce que ce don s'est fait pardon par la Croix du Christ, une fois pour toutes.

Il ne s'agit donc plus seulement de se demander : « Que dois-je faire pour bien faire ? », mais aussi : « Qui dois-je être, que dois-je devenir pour que ma vie soit réellement réponse au don qui m'est fait ? » Le Christ devient alors la norme morale concrète, personnelle et universelle, pour le chrétien, selon sa promesse : « Je vous ai donné l'exemple pour que vous agissiez, comme j'ai agi envers vous » (Jn 13, 15).

Cette référence à la présence du Christ est exigeante, mais d'une exigence libérante. Un seul chemin en ouvre l'accès : **la contemplation de la figure du Christ, l'écoute de sa Parole éclairent et façonnent la liberté humaine, et la font entrer dans une vision de l'existence conforme au vouloir de Dieu.**

5. « Être dans le Christ ».

Si la morale chrétienne est affectée aujourd'hui d'un malaise certain, il est d'autant plus nécessaire, spécialement dans ce domaine, d'aller – ou de revenir – à la source : c'est-à-dire à cet **« être dans le Christ »** qu'évoque si souvent l'apôtre Paul (voir Rm 8, 1-2) et qui est la racine et la norme de notre liberté et de notre agir, à cause de notre vocation à la sainteté.

C'est **par le Christ** que nous sommes sauvés. C'est **avec lui** que nous traversons l'épreuve de l'impuissance, car le Christ a été comme impuissant face au péché du monde et à la mort sur la Croix. C'est au cœur de cette impuissance qu'il a crié vers le Père et qu'il a été ressuscité par le Père. C'est **en lui** que nous pouvons, à notre tour, nous tourner vers le Père quand nous expérimentons notre impuissance face à la violence, au mensonge, aux injustices, et aussi quand nous mesurons nos propres difficultés à pratiquer les normes morales, parce que lui-même nous a ouvert le chemin de la Vie à travers l'épreuve du mal et le combat spirituel.

En pratiquant la vie morale dans la mouvance de l'Esprit, nous découvrons que la vie bonne pour nous et avec les autres est possible, puisque en Jésus Christ, Dieu nous donne de croire en nous-mêmes et nous rend capables de transformer ce monde selon son désir. Reste la question difficile des aléas de la volonté, de ses failles, et de son inconstance. Le combat spirituel fait partie de la vie morale : en apprenant à purifier notre intention, en vérifiant ce qui nous anime, nous redonnons à notre agir la chance d'être vraiment moral.

Enfin, **la morale liée à la foi retrouve une dimension communautaire.** Car la subjectivité morale inspirée par l'Esprit, même dans ce qu'elle a de plus intime, renvoie à la communauté animée par l'Esprit, à l'Église. Le sujet cesse d'être un sujet fermé sur lui-même dans une autonomie close, pour entrer dans le sujet nouveau qu'est le Christ. **« Être dans le Christ » suppose toujours d'être avec des frères et des sœurs dans la foi.** Nous recevons de l'Église encouragement, formation, et même des orientations pour notre comportement. Toute communauté chrétienne est un lieu de discernement de la rectitude chrétienne des décisions. Pour être sûrs de répondre dans notre vie aux appels de l'Esprit du Christ, nous avons besoin de vérifier auprès de la communauté habitée par l'Esprit comment se manifestent les fruits de l'Esprit : « charité, joie, paix, longanimité, serviabilité, bonté, confiance dans les autres, douceur, maîtrise de soi : contre de telles choses, il n'y a pas de loi » (Ga 5, 22-23).

1. Pouvons-nous nommer les résistances, obstacles et malaises que nous rencontrons lorsqu'il s'agit de dire ou de donner des points de repère moraux ?

2. Pouvons-nous repérer des circonstances ou notre adhésion au Christ a, de fait, décidé de nos choix éthiques ? Comment cela s'est-il fait ? Quel épanouissement y avons-nous trouvé ?

TROISIÈME PARTIE

FORMER UNE ÉGLISE QUI PROPOSE LA FOI

Cette troisième partie est plus directement pastorale : nous chercherons à faire apparaître des lignes de force pour le travail actuel d'évangélisation, en tenant compte de notre situation de catholiques dans la société française et de l'exigence primordiale d'approfondir pour nous-mêmes le « mystère de la foi ».

Car il s'agit de comprendre pourquoi et comment l'Église tout entière est appelée à pratiquer plus résolument et plus solidairement une pastorale de la proposition de la foi, tout en acceptant d'être évangélisée à l'intérieur d'elle-même.

I. – PROGRESSER DANS L'EXPÉRIENCE DE L'ÉVANGÉLISATION

Comprendre notre situation de catholiques dans la société actuelle et aller nous-mêmes aux sources de notre foi : telles sont les deux démarches dont nous avons voulu souligner le caractère indispensable et même urgent.

Mais ces deux démarches ne s'arrêtent pas à elles-mêmes. Elles se justifient par le projet primordial qui anime l'Église depuis ses origines : être dans le monde le signe sensible et efficace du Dieu vivant, par l'annonce de l'Évangile, par la proposition de cette foi qui nous fait vivre.

Face à cette mission, le défi à relever aujourd'hui est réel : car certains chrétiens estiment que la foi au Christ se suffit à elle-même, qu'elle doit demeurer une expérience personnelle, et ne pas devenir une action de l'Église. D'autres personnes, à l'extérieur de l'Église, craignent les tentatives de prosélytisme, qui s'opposent à la liberté de conscience et qui contreviennent aux règles de la laïcité.

Comment comprendre nous-mêmes que l'expérience de l'évangélisation est intérieure à la vie de l'Église, qu'elle fait partie de son identité la plus profonde et qu'en même temps elle est au service des hommes et des femmes de notre société ?

1. Des approches différentes.

Nous savons bien qu'il existe des approches différentes de l'évangélisation.

Autre est **l'approche directement théologique**, comme celle que l'on trouve dans **cette grande charte de l'évangélisation** proposée par Paul VI en 1975 dans l'exhortation apostolique *Evangelii nuntiandi*, où sont envisagés successivement les fondements christologiques de l'acte d'évangéliser, les étapes et les méthodes du travail d'évangélisation, son contenu et ses destinataires.

Autre est **l'approche pastorale** par laquelle sont examinés les secteurs humains et sociaux (banlieues des grandes villes, zones de pauvreté, catégories socioprofessionnelles, etc.) où l'Évangile demande à être vécu et annoncé à frais nouveaux.

Autre est **l'approche historique et sociologique**, par laquelle on cherche à distinguer les divers modèles d'évangélisation qui se sont succédé en France depuis plusieurs décennies, depuis ceux qui évoquaient des projets de conquête jusqu'à ceux qui recommandent une simple présence, qui peut aller jusqu'à l'enfouissement.

Nous reconnaissons l'importance et l'utilité de chacune de ces approches, mais nous voulons ici être fidèles à l'intuition primordiale qui a inspiré notre rapport initial sur la proposition de la foi. De même que nous avons cherché à attirer l'attention sur l'expérience de la foi vécue, de même nous chercherons maintenant à parler **de l'expérience de l'Église qui évangélise, c'est-à-dire des actes et des pratiques qui deviennent des actes effectifs de proposition de la foi et qui peuvent être reconnus comme tels par tous les acteurs de la pastorale et de la mission chrétiennes.**

2. Des attentes multiples.

Dans cette perspective, l'expérience des « nouveaux venus à la foi » et de leur accueil dans l'Église nous semble non pas normative, mais significative.

Nous voulons ainsi parler d'abord des catéchumènes, mais aussi des recommençants, et, plus largement encore, de tous ceux et celles, jeunes et adultes, qui sont ou qui se révèlent progressivement en attente de quelque chose, qu'ils ne savent pas toujours nommer explicitement, mais qui peut conduire jusqu'à la découverte du Christ, de sa Parole, de ses sacrements et de son Corps ecclésial.

L'expérience actuelle de l'évangélisation implique cette constatation initiale : il existe actuellement, dans notre société, un certain nombre de personnes qui attendent quelque chose de l'Église et qui ont la possibilité de manifester cette attente lorsqu'elles entrent en relations, d'une manière ou d'une autre, avec l'Église : soit pour des demandes sacramentelles de baptême ou de mariage, soit à l'occasion d'événements particuliers, heureux ou éprouvants, qui marquent leur existence, soit grâce à des rencontres fortuites avec une communauté chrétienne, avec un groupe plus ou moins informel, ou même avec un mouvement organisé qui leur propose un chemin d'initiation à l'Évangile, en fonction de leur situation humaine.

Ne devons-nous pas admettre que ce type de rencontres interroge et même bouscule la logique missionnaire qui était inscrite en nous ? Car nous avons pu nous imaginer, selon une logique plus ou moins marchande, ou du moins exclusivement fonctionnelle, que l'Église, pour évangéliser, devrait faire jouer une sorte de loi de l'offre et de la demande, l'Église se situant du côté de l'offre, et les autres, les personnes en attente, du côté de la demande.

Dans la réalité concrète, dans l'expérience effective que l'Église est appelée à faire en rencontrant ces personnes, que se passe-t-il vraiment et comment se présente le cheminement qui conduit jusqu'à la proposition de la foi ?

3. La liberté de Dieu.

Ces personnes en attente ne doivent pas être considérées purement et simplement, selon une logique marchande, comme des clients de l'Église, prêts à consommer passivement ce que nous avons à proposer. **Ce sont d'abord des hommes et des femmes qui, par leur attente et leur démarche, attestent la liberté de Dieu** et le travail de l'Esprit Saint qui peut éveiller en tout être humain le désir d'aller au-delà de ce qu'il vit immédiatement. À leur manière, qui est parfois déconcertante, ces personnes nous rappellent que le terrain primordial de l'évangélisation est celui de l'existence humaine et qu'il n'y a pas d'évangélisation authentique sans cette confrontation effective entre l'Évangile du Christ, la Révélation de Dieu et les attentes profondes dont tout être humain est porteur.

Mais, réciproquement, en comprenant ces attentes humaines et en y répondant, l'Église a la responsabilité de montrer qu'elle ne se contente pas de répondre à des demandes immédiates, mais qu'elle exerce une mission qu'elle a reçue du Christ et qui consiste à montrer et à ouvrir les chemins qui conduisent jusqu'à lui.

L'Église, dans la diversité de ses communautés et de ses groupes, est dès lors appelée à pratiquer non seulement un accueil large et désintéressé, mais une vigilance active : puisqu'il s'agit de percevoir les signes de l'imprévu de Dieu à travers ces demandes multiples et de comprendre en même temps que ces demandes appellent une initiation prolongée au mystère du Christ, à sa Parole, à ses sacrements et à la vie nouvelle dont il est la Source.

4. L'appel à la conversion.

Mais si l'Église veut proposer la foi, elle ne peut pas se contenter de cette attitude de vigilance active. Elle doit aussi faire entendre, de façon aussi explicite que possible, l'appel de l'Évangile à la conversion : « Le temps est accompli, et le Règne de Dieu s'est approché : convertissez-vous et croyez à l'Évangile » (Mc 1, 15).

De fait, lorsque des chemins d'initiation sont proposés à ces personnes, en fonction de leurs demandes et de leurs situations particulières, on constate souvent qu'un véritable processus de conversion se met en route. Un décalage est perçu entre telle ou telle situation et les exigences de l'Évangile. La confiance en soi-même est fortifiée ou reconstruite, la foi elle-même est reçue comme une force pour vivre et pour affronter les difficultés de la vie.

C'est alors que, au-delà des démarches et des conversions personnelles, l'Église est reconnue comme un milieu de vie, où les choix des individus sont soutenus par la communauté des croyants, souvent aussi comme un lieu d'espérance au milieu des précarités de la société.

L'Église ne se contente pas de percevoir les appels de Dieu à travers ces personnes en état de conversion, ni même de répondre à ces appels. Elle a aussi la responsabilité d'actualiser l'appel de l'Évangile à la conversion, à la manière de l'apôtre Paul s'adressant aux chrétiens de Rome : « Ne vous modelez pas sur le monde présent, mais soyez transformés par le renouvellement de votre intelligence, pour discerner quelle est la volonté de Dieu : ce qui est bien, ce qui lui est agréable, ce qui est parfait » (Rm 12, 2).

L'Église qui appelle ainsi à la conversion peut devenir un signe de contradiction. Car, comme l'écrivait Paul VI, elle ne doit pas craindre de transformer « par la force de l'Évangile les critères de jugement, les valeurs déterminantes, les points d'intérêt, les lignes de pensée, les sources inspiratrices et les modèles de vie de l'humanité, qui sont en contraste avec la Parole de Dieu et le dessein du salut » (*Evangelii nuntiandi*, n° 19).

La proposition de la foi comprend ainsi une dimension prophétique : car l'Église ne peut appeler des hommes et des femmes à vivre selon l'Évangile, à chercher la justice du Royaume de Dieu, sans désigner et sans combattre les comportements, les mentalités, les structures et les engrenages économiques et sociaux qui s'opposent à cette vie selon l'Évangile et à cette justice du Royaume de Dieu.

Nous sommes ainsi conduits, au nom de notre foi, à participer aux débats et aux choix qui concernent les finalités de notre société, surtout quand il s'agit de reconnaître la dignité inaliénable de chaque personne humaine, en toutes circonstances, et de dénoncer cette logique perverse qui fait trop souvent passer les impératifs des techniques ou de la rentabilité financière avant les personnes.

5. La communion de l'Église et l'évangélisation.

Mais l'Église n'est jamais dispensée de répondre aussi pour elle-même à ces appels qu'elle adresse à la société. Pour annoncer l'Évangile au monde, elle doit en même temps l'accueillir et le pratiquer, dans la façon même dont elle s'organise et dont elle exerce sa mission.

a. L'Église qui est en France fait à cet égard, depuis quelques années, une double expérience. En même temps qu'elle constate sa pauvreté, son affaiblissement institutionnel et une certaine perte de reconnaissance sociale, elle apprend à vivre à l'intérieur d'elle-même le mystère de communion qui la constitue.

Grâce au travail entrepris par de nombreux synodes

diocésains, grâce à la collaboration qui se développe entre prêtres, diacres et laïcs, dans de multiples domaines de l'action pastorale, il est donné à beaucoup de personnes de découvrir que l'Église n'est pas une structure qui leur serait extérieure, mais un Corps vivant et organisé, façonné et construit par la Parole de Dieu et les sacrements de la foi, et où chaque baptisé peut trouver sa place, en fonction de sa vocation et de sa mission particulières.

Nous avons d'autant plus le droit de nous étonner et même de souffrir, lorsque des observateurs extérieurs parlent de l'Église selon des catégories étrangères à sa réalité, et spécialement à cette réalité de communion à la fois sacramentelle et sociale, dont nous faisons l'expérience. Nous ne pouvons pas nous résigner à ce que le Corps du Christ qui nous fait vivre soit réduit à un spectacle auquel on s'intéresse provisoirement, ou à une entreprise dont on cherche à apprécier la rentabilité.

b. Mais nous avons nous-mêmes, comme membres de l'Église, une responsabilité d'autant plus grande, pour que l'Église soit effectivement fidèle à son identité et à sa mission. Cette responsabilité nous semble compter au moins deux exigences.

– D'abord, il faut tout faire pour que, dans la répartition des tâches et des responsabilités à l'intérieur de l'Église, on ne se réfère jamais à une logique utilitaire, ou même seulement fonctionnelle, en vertu de laquelle les personnes seraient purement et simplement identifiées à leurs fonctions et appréciées selon les résultats de leur action.

Ce qui identifie un membre de l'Église, c'est sa manière de vivre sa foi, d'agir selon l'Esprit, d'« être dans le Christ » et de témoigner du Christ dans le monde. Il faut veiller à cette reconnaissance et à ce respect mutuels de notre identité et de notre mission de croyants et de témoins. Il faut aussi doter les communautés chrétiennes des moyens de pratiquer effectivement cette reconnaissance et ce respect, en favorisant la communication de la foi et de l'expérience chrétiennes entre tous.

– Dans ce but, l'Église de France a engagé de profondes révisions de ses fonctionnements et même des réformes structurelles importantes, par la constitution des Conseils presbytéraux, des Conseils diocésains de pastorale, des Conseils pastoraux de paroisses et de secteurs. D'autre part, de véritables charges ecclésiales sont désormais confiées à des laïcs, dans le domaine de la catéchèse, de l'animation liturgique et spirituelle, sans oublier les responsabilités financières et administratives. Beaucoup reste à faire pour trouver des formes d'organisation, de concertation et de prise de décision adaptées à la nature et à la mission de l'Église. Tous les diocèses s'y emploient, souvent grâce à l'impulsion donnée par de nombreux synodes.

Mais aussi importants que soient ces aménagements institutionnels, on ne doit jamais perdre de vue qu'ils ne constituent pas une fin en eux-mêmes. Ils ne se comprennent vraiment que par rapport au mystère de la foi, qui est à la source de l'Église, et à la proposition de la foi, qui constitue sa mission.

Plus notre Église est engagée dans un travail de recomposition intérieure et de réforme structurelle, plus elle doit regarder en amont et en aval d'elle-même. En amont, c'est-à-dire vers la Révélation que Dieu fait de lui-même en Jésus Christ, avec l'appel à accueillir cette Révélation pour en vivre. En aval, c'est-à-dire vers cette société actuelle, où, dans une situation de crise, se font jour des attentes relativement nouvelles qui appellent une évangélisation entreprise à frais nouveaux.

c. Dès lors que ces deux exigences sont prises au sérieux, il n'est plus possible d'opposer le mystère de l'Église et sa mission dans le monde. Car l'Église qui vit le mystère de foi et de communion qui la constitue se trouve plus solidaire et plus libre pour évangéliser, et réciproquement le travail d'évangélisation l'appelle sans cesse à approfondir la foi et la communion qui fondent son existence.

De sorte que nous sommes appelés à répondre, pour les temps actuels, à l'appel décisif que Jésus adressait à Simon-Pierre au bord du lac de Tibériade : « Avance en eau profonde ! » ou bien : « Va au large ! » (Lc 5, 4). Cette double traduction recouvrant deux expériences inséparables : **l'Église qui va aux sources de la foi est en même temps une Église qui accepte d'aller au large pour annoncer l'Évangile.** Aujourd'hui, tout en faisant l'expérience de notre pauvreté, nous progressons effectivement dans l'expérience de l'évangélisation, en découvrant nous-mêmes la foi comme une Source et en n'hésitant plus à conduire d'autres personnes jusqu'à cette Source, là où elle est toujours offerte, dans l'Église sacrement du Christ et de sa Vie.

1. De quels renouveaux de nos communautés sommes-nous témoins ou acteurs ?

2. Comment vivons-nous la diversité de la vie chrétienne dans nos paroisses, nos mouvements, nos groupes de prière ? Quels moyens choisissons-nous pour servir l'unité de nos communautés d'Église ?

3. Quelles initiatives ont été prises pour l'évangélisation de notre secteur pastoral ou notre milieu ? Comment y avons-nous participé ?

II. – FORMER L'ÉGLISE SACREMENT DU CHRIST DANS NOTRE SOCIÉTÉ

Nous savons bien qu'une hypothèque pèse en permanence sur les relations que l'Église entretient avec la société laïque qui est la nôtre, et spécialement avec l'opinion publique et les médias. L'Église que nous formons se trouve plus ou moins identifiée à une force politique et sociale, et son action est interprétée à travers des catégories politiques et sociales, soit de conservation et de progrès, soit d'avancées et de reculs.

Dans la mesure où l'Église inscrit sa vie et son action dans l'histoire de notre société, nous n'avons pas à refuser systématiquement ces interprétations. Mais nous avons le droit de protester lorsqu'elles deviennent elles-mêmes systématiques, et surtout nous avons la responsabilité pour nous-mêmes, de l'intérieur de l'Église, de faire valoir notre propre compréhension de l'Église et de sa nature spécifique, qui est inséparable du « mystère de la foi ».

1. La sacramentalité de l'Église.

Nous ne pouvons pas échapper à l'histoire qui, depuis plusieurs siècles, a marqué l'évolution des relations entre l'Église et la société, surtout si ces relations sont mises sous le signe d'une progressive émancipation de la société par rapport à l'Église.

De multiples débats attestent la permanence d'une telle interprétation. D'un côté, on affirme que les sociétés gagnent en maturité lorsqu'elles acceptent de séparer les identités civiques des convictions religieuses, et l'on souligne les dérives qui se produisent lorsque la loi religieuse s'impose à l'État et à la société civile. Mais, d'un autre côté, on exprime la crainte que les sociétés ne dérivent vers des lois et des comportements inhumains, dès lors que toute référence à la Loi divine a été abandonnée.

Dans ce genre de débats, les arguments peuvent se retourner à l'infini. À ceux qui dénoncent le caractère dangereux et totalitaire de toute religion, d'autres répliquent, en énumérant les crimes commis au nom de la Raison livrée à elle-même.

Nous ne voulons pas rester enfermés dans ce genre de débats finalement stériles. L'expérience vécue par les catholiques de France nous montre que nous n'avons pas à choisir entre les « droits de Dieu » et les « droits de l'homme ». Nous sommes disciples du Fils de Dieu fait homme pour le salut de tous, et nous savons, par expérience humaine et historique, que là où les droits réels des êtres humains sont bafoués, l'invocation de Dieu est hypocrite, et que, inversement, là où la liberté d'adorer et de servir le Dieu sauveur du monde n'est pas reconnue comme un droit civique, la liberté politique n'est qu'un argument de propagande.

Pour sortir de ces oppositions insupportables, nous disposons de la grande affirmation du concile Vatican II au sujet de la sacramentalité de l'Église, car « l'Église est, dans le Christ, en quelque sorte le sacrement, c'est-à-dire à la fois le signe et le moyen de l'union intime avec Dieu et de l'unité de tout le genre humain » (*Lumen gentium*, n° 1).

Nous avons à peine commencé à mesurer les implications et les conséquences d'une telle affirmation, et nous avons besoin d'en comprendre tous les enjeux théologiques et pastoraux, précisément pour former plus résolument l'Église sacrement du Christ dans notre société laïque et pluraliste.

a. Affirmer la nature sacramentelle de l'Église, c'est souligner d'abord son enracinement dans le mystère qui la constitue et qui l'oblige sans cesse à se décentrer d'elle-même. Car elle est signe du Christ, qui la précède, qui la fait vivre et qui l'attend.

b. En même temps, **l'Église sacrement du Christ a un caractère historique et une constitution socialement repérable.** C'est « sous les espèces » de cette société particulière que se donne à recevoir et à vivre la Présence de Dieu dans notre monde.

Il est donc inévitable que la perception de l'Église oscille en permanence entre une affirmation trop étroite de sa singularité comme « institution divine » et une réduction abusive de son originalité dans les catégories générales de la religion. Nous devons accepter de n'être pas toujours compris comme nous souhaiterions l'être. Cette incompréhension elle-même fait ressortir la nécessité et même l'urgence d'une initiation permanente pour entrer dans l'expérience chrétienne.

Mais nous avons d'autant plus à comprendre nous-mêmes, que le meilleur service, le service spécifiquc que nous pouvons rendre aux hommes et aux femmes de notre société consiste à « rendre compte de l'espérance qui est en nous » (1 P 3, 15), en vivant et en proposant la foi reçue des apôtres, avec tout ce qu'impliquent cette vie et cette proposition.

Il apparaît alors concrètement que **l'Église, en se manifestant comme sacrement du Christ, n'est pas seulement antérieure aux sociétés modernes. Elle leur est aussi intérieure.** Elle est chez elle dans les sociétés démocratiques d'aujourd'hui, dans notre société laïque. Tout simplement parce que c'est la société à laquelle nous appartenons et au sein de laquelle nous voulons vivre notre foi.

Dans cette société, notre Église ne s'identifie pas à telle ou telle réalisation culturelle. Elle sait bien que l'Évangile du Christ doit être annoncé aux hommes et aux femmes de toutes races, de toutes langues et de toutes cultures, et qu'elle-même, comme Église du Christ, demeure un ferment d'universalité concrète, surtout quand notre société est tentée de se refermer sur elle-même. De fait, la présence dans nos communautés chrétiennes de familles issues de l'immigration nous rappelle l'exigence et la réalité de cette catholicité effective.

Au sein même de la nation française, avec tout ce qui a progressivement contribué à sa constitution au long des siècles, l'Église catholique appelle chacun de ses membres à vivre en citoyen consciencieux, là où il se trouve, et elle propose à tous de se reconnaître comme frères et sœurs en humanité. N'est-elle pas envoyée en ambassade pour les inviter au festin préparé par le Père des cieux pour tous ses enfants ?

Parce qu'elle est fidèle à son Seigneur, lui qui est la Lumière des nations, *Lumen gentium*, l'Église ne peut jamais renoncer à être en ce monde, dans notre société, comme l'ébauche, imparfaite, mais réelle, du Royaume de Dieu où tout sera réconcilié.

2. L'Église et le service de la société.

Comme disciples du Christ, nous ne prétendons pas être mieux compris que lui, et nos péchés ne peuvent évidemment qu'ajouter à cette épreuve. Il nous faut donc accepter de nous interroger sur la manière dont nous sommes perçus et présentés dans l'opinion publique.

Mais, dans la mesure où nous sommes citoyens de la société française, nous prétendons bénéficier des mêmes droits et être tenus aux mêmes devoirs que les autres citoyens. Nous désirons aussi être traités équitablement par les différentes instances de l'État. Nous ne refusons pas d'admettre nos limites, nos carences et même nos fautes. Nous revendiquons seulement le droit de proposer à tous nos contemporains ce qui constitue l'expérience fondatrice de nos existences humaines, et le droit de fonder en raison, autant qu'il est possible, les choix qui sont les nôtres.

En invitant ceux qui le veulent à accepter et à reconnaître Jésus Christ comme le Seigneur et le Maître de leur vie, deux convictions fondamentales nous animent : – nous ne faisons injure à personne et nous ne contraignons aucune liberté, puisque Jésus de Nazareth, Messie crucifié, n'a pratiqué que le service et l'humilité pour nous révéler l'Amour infini de son Père ; – nous proposons à ceux qui veulent bien s'engager à sa suite un mode de vie, d'action et de communion dont les conséquences peuvent se répercuter en un service réel des hommes, un service qui s'inscrit dans notre monde et notre histoire ; ces deux convictions fondamentales nous autorisent à rendre compte de la manière dont la mission de l'Église s'exerce et veut s'exercer dans la société actuelle.

a. Parce qu'elle est signe du don de Dieu, l'Église ne prétend se substituer à aucune institution politique et sociale nécessaire à la vie en commun. Elle reconnaît l'autonomie des familles, de la société civile et de l'État. Les citoyens qui sont ou qui deviennent chrétiens ne sont jamais soustraits à leurs obligations sociales. Ils ne constituent pas un État dans l'État.

Mais, parce qu'elle est signe de l'union intime avec

Dieu et de l'unité de tout le genre humain, l'Église est porteuse d'un double message, dont les deux éléments sont indissociables :

– Dieu seul est digne d'adoration. Toutes les idoles fabriquées et manipulées par les hommes, quelles qu'elles soient, risquent de devenir dangereuses.

– Sous le regard de Dieu, tous les hommes sont de la même race et du même lignage. Aussi légitimes que soient les institutions particulières qui régissent notre société, leur pouvoir a des limites et n'a pas d'autre raison d'être que de servir au bien commun de tous.

Cette double annonce peut devenir prophétique dans certaines situations de l'histoire, lorsque l'Église se heurte aux prétentions totalitaires de l'État, ou bien lorsque les lois et les structures politiques, économiques ou sociales s'opposent au respect des personnes et à leur dignité inaliénable. L'Église est alors appelée à résister – en paroles et en actes – à ce qui compromet la vérité de Dieu et la dignité des personnes. Cette résistance peut aller jusqu'au martyre, qui fait honneur à l'Église et à l'humanité, car il manifeste en même temps la force de l'Esprit et la grandeur de la liberté humaine.

b. Parce qu'elle est aussi moyen de ce qu'elle signifie, l'Église permet aux disciples de Jésus de marcher effectivement à sa suite. Car il ne suffit pas de dire : « Seigneur ! Seigneur ! », il faut aussi accomplir la volonté de Dieu. C'est dans cet accomplissement qu'est révélé au monde l'Amour dont nous sommes témoins.

Lorsqu'elle invite les chrétiens à vivre des sacrements, à s'engager dans la formation de la foi, dans la recherche théologique et dans l'expérience spirituelle, l'Église ne contribue pas seulement à la formation de ses membres. Elle contribue aussi au développement culturel et social de la nation où ils vivent. Car la pratique de la prière et de la réflexion théologique, la compréhension des réalités humaines à la lumière de la foi, l'expérience du pardon reçu et pratiqué permettent à notre humanité de se découvrir pour ce qu'elle est : faillible et limitée, mais infiniment aimée de Dieu et enracinée dans cet Amour.

Ces expériences et ces pratiques, proposées et vécues en Église, ont évidemment une portée confessionnelle. Mais nous avons la conviction qu'elles contribuent aussi au savoir-vivre et au vouloir-vivre de notre société tout entière.

c. Pour donner corps et visibilité sociale aux réalités qu'elle annonce, l'Église, aujourd'hui comme hier, se dote d'organismes et d'institutions qui prennent place dans l'ensemble de la société. Les églises, les établissements scolaires, les mouvements organisés, les services sociaux ou caritatifs traduisent, parfois mieux que des mots, l'identité de ce « peuple nouveau » que nous essayons d'être, dans le Christ et pour le monde.

Mais nous n'avons pas la prétention de régenter notre société. Nous revendiquons seulement la liberté de proposer et de mettre en œuvre la Parole que nous avons découverte et qui fonde notre espérance. Nous nous réjouissons sans arrière-pensée lorsque notre société peut assumer elle-même toutes les fonctions nécessaires à la vie en commun. Nous invitons alors tous les membres de nos communautés à prendre leur part de service, comme les autres citoyens, au sein des institutions publiques, sans hésiter, quand il le faut, à rendre compte de la foi qui se trouve à la source de leur présence et leur action.

Enfin, lorsque nous nous réunissons pour prier, pour étudier les Écritures ou pour organiser le partage des talents que Dieu nous a confiés, nous avons conscience de servir la société à laquelle nous appartenons par toutes les fibres de notre être, en partageant ses incertitudes et ses projets. Mais, en même temps, nous avons la conviction d'être déjà, au milieu de nos frères, et pour eux, comme le germe de ce peuple immense que l'apôtre Jean, selon le livre de l'**Apocalypse**, voyait déjà dans la gloire de la Jérusalem céleste (voir Ap 7, 9).

1. Le concile Vatican II a dit de l'Église qu'elle est, dans le Christ, comme le sacrement du salut. Comment comprenons-nous cette présentation du mystère de l'Église ?
2. Sommes-nous attentifs à discerner dans les événements un appel de Dieu ? Quels événements nous ont marqués personnellement ou dans la vie de nos communautés ?
3. À quelles activités sociales ou éducatives participons-nous ? Ressentons-nous à partir de cela une concurrence entre les institutions civiles et les institutions ecclésiales ?

III. – PRÉCISER NOS LIGNES D'ACTION

Nous venons de parler de l'Église et d'en situer la mission dans la société actuelle. Il s'agit maintenant de nous demander comment, aujourd'hui comme toujours, notre Église est appelée à se réaliser elle-même selon ses trois modalités traditionnelles : la confession de la foi, le service de l'humanité et la pratique liturgique et sacramentelle.

Selon leurs diverses sensibilités, les membres de

l'Église ont tendance à mettre l'accent sur l'un ou l'autre de ces trois aspects. Nous voudrions montrer qu'il est nécessaire de les relier les uns aux autres, tout en faisant sa juste place à chacun d'eux.

1. Célébrer le salut (« leitourgeia »).

L'Église est détentrice d'un message qu'elle a mission d'annoncer *(marturia)*. Elle a aussi pour mission de servir la vie des hommes *(diaconia)*. Il n'en reste pas moins vrai que cette transmission du message et ce service de l'humanité culminent dans la célébration liturgique *(leitourgeia)*, au cours de laquelle la communauté reçoit la Parole de son Seigneur et prie pour le salut du monde.

C'est la raison pour laquelle nous invitons à prendre en compte en premier lieu cette dimension liturgique et sacramentelle de la vie de l'Église.

Nous n'avons aucunement l'intention de remettre en cause les dimensions de confession et de service qui avaient besoin d'être revalorisées pour que la vie de l'Église ne soit pas réduite au « culte ». Mais, si la célébration sacramentelle est véritablement le lieu dont tout part et où tout est appelé à revenir, n'est-ce pas elle qui doit donner leur pleine portée théologale aussi bien à l'engagement dans le monde qu'à l'annonce de la foi ? N'y a-t-il pas en effet un risque réel qu'en se détachant de la vie liturgique et sacramentelle l'annonce du message se transforme en propagande, que l'engagement des chrétiens perde sa saveur propre et que la prière dégénère en évasion ?

Mais, s'il importe que la liturgie soit au centre de la vie chrétienne, il importe tout autant de ne pas en faire le tout, car elle y perdrait sa substance. C'est pourquoi, même si nous en parlons en premier lieu, nous ne manquerons pas de la situer par rapport aux deux autres modalités essentielles de la vie ecclésiale.

a. Pour une pastorale sacramentelle de la proposition.

Depuis un certain nombre d'années, les difficultés rencontrées ont conduit à mettre en œuvre une pastorale de l'accueil des demandes sacramentelles, avec le souci d'entrer effectivement en dialogue avec les personnes qui présentent ces demandes, et de faire évoluer leurs motivations vers la foi.

Mais, dans ce but, si l'on ne veut pas avoir à « brader » le mystère de la foi, ni, inversement, à mettre les demandeurs devant des exigences qu'ils ne comprendraient pas, il faut que la pastorale de l'accueil s'accompagne d'**une « pastorale de la proposition », par laquelle l'Église ne craint pas de prendre l'initiative, en invitant à faire la rencontre du Christ dans les sacrements.**

b. Une dynamique déjà amorcée.

Dans tous nos diocèses, on pratique cette pastorale sacramentelle de la proposition en ce qui concerne **le sacrement de confirmation,** et cette pastorale porte des fruits dont des évêques, des prêtres et des éducateurs de jeunes peuvent témoigner.

Dans le même sens, les mouvements chrétiens de retraités et les accompagnateurs de malades ont contribué à renouveler **le sens du sacrement des malades,** que l'on propose largement dans des célébrations communautaires.

Dans des circonstances exceptionnelles et pourtant relativement fréquentes (pèlerinages, rassemblements de jeunes par des aumôneries ou des communautés nouvelles, etc.) des initiatives analogues sont prises en ce qui concerne **la proposition du sacrement de réconciliation**, qui cesse d'être présenté comme une exigence légale, mais qui apparaît comme une chance de se reconnaître pécheur, accueilli par le Christ et membre personnellement réconcilié de son Corps.

C'est dans la même perspective qu'il faut envisager **la pastorale du sacrement de mariage.** Cela suppose de porter une attention réelle aux conditions actuelles de la vie conjugale : précarités sociales, incertitudes devant l'avenir, instabilité croissante des couples, transformation de la condition féminine, problèmes posés par la régulation des naissances. En tenant compte de ces conditions, on peut présenter les exigences de l'Évangile au sujet du mariage comme un chemin praticable pour édifier une vie de couple et de famille. Un chemin praticable, c'est-à-dire un chemin sur lequel les époux ne sont pas laissés seuls, mais appelés à comprendre eux-mêmes, avec le soutien d'un groupe ou d'une communauté chrétienne, que la Parole du Christ au sujet de l'amour humain répond à ce qu'il y a de plus profond et même de plus fragile en eux.

Quant à l'**eucharistie**, les communautés ont progressé dans la conscience de son importance pour la vie de l'Église. Mais il est toujours vital de renouveler partout le sens de la célébration dominicale comme ce moment où le peuple des baptisés fait visiblement corps, en répondant à la proposition que le Christ adresse à ses disciples afin qu'ils soient associés au don de sa propre vie pour la vie du monde.

Nous faisons tous l'expérience de célébrations accueillantes et chaleureuses, qui rendent presque sensible le salut que Dieu nous offre, en venant refaire nos forces pour poursuivre la route. Cela n'est pas un idéal inaccessible pour nos communautés, surtout si toutes les sensibilités et traditions spirituelles acceptent de mieux conjuguer ces exigences que l'on oppose parfois à tort : le respect de la tradition liturgique, l'appel à la participation de tous, et la contribution de diverses expressions esthétiques et artistiques.

Une telle pratique de l'eucharistie est inséparable de la prise de conscience qui concerne **les ministères ordonnés pour la vie et la construction du Corps ecclésial.** La pastorale des vocations contribue largement à cette prise de conscience. La preuve en est, entre autres, les fruits qu'elle a portés avec le diaconat permanent. S'il n'en va pas encore de même pour le presbytérat, c'est sans doute qu'en l'occurrence, aussi énergique qu'elle soit, la pastorale des vocations presbytérales subit le contrecoup des difficultés rencontrées plus largement dans la pastorale des jeunes.

c. *Vie sacramentelle et expérience spirituelle.*

Valoriser ainsi la vie sacramentelle dans l'Église n'a de sens que si, corrélativement, on accorde toute sa place à l'expérience spirituelle. Car, en dehors de cette expérience, les démarches sacramentelles perdraient de leur profondeur. Il est donc important de relier sans cesse la pastorale sacramentelle à la proposition d'une vie animée par l'Esprit Saint, à la suite du Christ, une vie nourrie par la prière et la lecture des Écritures.

À cet égard, bien des monastères et des communautés de vie religieuse, contemplative et apostolique, jouent un rôle décisif, non seulement par le témoignage de leurs membres, mais aussi par l'accueil qu'ils réservent, et d'abord dans leur liturgie, à beaucoup de « chercheurs de Dieu ». Des personnes, dont les itinéraires religieux sont parfois mouvementés, trouvent ainsi la possibilité de se laisser éclairer, voire évangéliser, en acceptant de conformer leur expérience à la tradition vivante de la prière de l'Église.

Plus largement encore, si la liturgie est le culte rendu au Dieu de Jésus Christ dans l'Église, ceux qui y participent sont appelés à conformer leur vie au « mystère de la foi » qu'ils célèbrent et, en même temps, à la risquer dans le service des autres. On peut donc affirmer que, en participant à la célébration des sacrements, les chrétiens servent déjà la vie du monde et sont encouragés à déployer ce service dans les réalités et les événements de ce monde.

2. Servir la vie des hommes (« diaconia »).

Il est exclu de célébrer en vérité le mystère de la foi, en s'en tenant à l'action cultuelle. Car le Dieu sauveur qui vient à nous en Jésus Christ s'est lui-même identifié aux pauvres et aux petits. Il y a donc un lien indissociable entre le culte chrétien et la vie des hommes, en cc qu'elle a de plus fragile et de plus menacé. On ne peut pas servir et aimer Dieu que l'on ne voit pas sans l'honorer dans les plus démunis de nos frères. Le ministère des diacres nous rappelle tout particulièrement ce lien fondamental entre service de Dieu et service des hommes.

Chez les catholiques de France, aujourd'hui, **cette préférence évangélique pour les pauvres et les exclus**, envisagés comme « sacrements du Christ », inspire de très nombreux engagements, personnels et institutionnels. Chez ceux qui mettent en œuvre cette insistance grandit la conviction qu'ils accomplissent ainsi leur vocation chrétienne et qu'ils annoncent l'Évangile par leur façon de servir les hommes.

– Pour honorer une telle mission, l'Église cherche à renvoyer ses membres à leurs conditions concrètes d'existence, en les encourageant à prendre en charge le monde qui leur est confié, avec les exigences de solidarité et d'initiatives que cela comprend. Pour ce faire, les mouvements, particulièrement les mouvements d'action catholique, préparent leurs membres à inspirer évangéliquement leur action dans la prise en charge de la vie personnelle et sociale des hommes. Ils les aident à exercer une action collective sur les mentalités.

– L'Église dispose en même temps de moyens qui lui sont propres pour inspirer, soutenir et même organiser l'action des catholiques dans leur service de la communauté humaine, grâce à des organismes tels que le Secours catholique ou le CCFD, grâce aussi à des institutions de santé et d'enseignement, ou à des mouvements éducatifs et caritatifs.

Il reste aussi à discerner les terrains nouveaux sur lesquels des initiatives créatrices sont attendues, qu'il s'agisse de l'intégration dans les banlieues, de l'illettrisme, de la solidarité avec les migrants, ou de la présence aux personnes âgées ou handicapées.

– **Pour autant, la charité ne se confond pas avec l'assistance aux situations de détresse.** Car c'est une tradition bien attestée dans l'Église que de s'intéresser à tout ce qui contribue au développement des potentialités de notre société, et de soutenir la réflexion et l'action de ceux qui portent des responsabilités publiques, surtout quand il s'agit de décider des enjeux et des finalités de la vie économique ou de la vie politique.

– Il faut aussi préciser que la préférence évangélique pour les pauvres ne s'accomplit en vérité que lorsque ceux-ci ne sont pas traités avec « paternalisme », comme les bénéficiaires potentiels des « bonnes œuvres », mais considérés comme de vrais partenaires. L'Église doit apprendre à devenir toujours davantage cette communauté originale où des exclus et même des « oubliés » de la société civile se voient reconnaître la dignité de membres actifs du Corps du Christ.

Cela se produit dans des quartiers défavorisés, où habitent des familles catholiques issues de l'immigration qui, avec quelques militants et aussi des communautés de religieux ou de religieuses, sont souvent les seules à assurer une présence significative de l'Église. Dans ces quartiers, où le mouvement catéchuménal est assez vivace, ces personnes et ces groupes font apparaître nettement la dimension internationale et interculturelle des communautés chrétiennes.

– La **pastorale des malades** connaît aussi, à l'heure actuelle, un développement notable, grâce à la formation des personnes qui s'engagent non seulement à visiter des malades, mais à leur permettre de se reconnaître eux-mêmes comme des membres à part entière de la communauté chrétienne. Une telle présence aux malades oblige l'Église entière à aller sans crainte au cœur du mystère de l'homme souffrant, là où l'expérience chrétienne passe, souvent de façon radicale, par l'abandon à Dieu, par l'ouverture à sa bonté et par la conscience d'une communion personnelle au Christ Sauveur.

3. Annoncer l'Évangile (« marturia »).

La préférence pour les pauvres n'est pas un vain mot pour l'Église de France. Mais nous pouvons souhaiter qu'un engagement comparable se manifeste dans l'ordre de l'annonce effective de la foi.

Depuis longtemps déjà, les catholiques de France connaissent ce débat où l'on oppose la rigueur doctrinale et l'attention au vécu.

– D'un côté, certains craignent que l'insistance sur la solidarité ne fasse oublier les exigences de la foi. Ils demandent des enseignements plus vigoureux et des références nettes à la tradition catholique.

– À l'inverse, d'autres s'inquiètent devant ce qu'ils considèrent comme une annonce conquérante, voire fondamentaliste, de la Parole de Dieu, qui risque, à leurs yeux, de renforcer l'hostilité à la foi chrétienne elle-même. Ils insistent sur la nécessité d'un engagement social des chrétiens.

Ce débat entre les tenants d'une doctrine ferme et les partisans d'une présence active à la société est aujourd'hui en voie de dépassement, pour des raisons surtout pratiques. Car : – d'un côté, des parents traditionnellement chrétiens ont constaté que la communication de la foi à leurs propres enfants supposait bien plus que la pure et simple transmission des vérités doctrinales : l'initiation à une expérience spirituelle et l'éducation à l'amour du prochain ; – d'un autre côté, de nombreux laïcs engagés dans leurs tâches profanes en viennent à s'interroger sur la nature de leurs motivations chrétiennes, et sont en quête d'une véritable spiritualité.

a. Développer la formation doctrinale.

Des structures de formation doctrinale à l'intention des laïcs se sont progressivement mises en place dans la plupart des diocèses de France. Des centres théologiques se sont ouverts en bien des endroits, tandis que des facultés de théologie ont programmé des cursus de formation accessibles à des publics nouveaux. Il est actuellement possible à beaucoup de catholiques, engagés dans la vie de l'Église, de comprendre leurs raisons de croire et d'agir selon les exigences de leur foi.

Car cet approfondissement doctrinal de la foi est généralement relié au désir de servir la mission de l'Église, et aux motivations spirituelles et apostoliques des personnes qui en bénéficient. Cette formation doctrinale est même explicitement proposée aux personnes qui ont à porter de nouvelles responsabilités dans la vie de l'Église, en de multiples domaines, de l'initiation catéchétique aux charges pastorales assumées dans une communauté paroissiale. **C'est ainsi que le domaine de la formation doctrinale et théologique n'apparaît plus comme un domaine séparé, plus ou moins indépendant, mais au contraire comme un domaine vital pour la croissance de la foi et de l'Église.**

b. Pour une pastorale de l'initiation.

Cet effort d'approfondissement doctrinal ne devrait pas viser seulement les laïcs appelés à prendre une part active dans la mission de l'Église. Chez un grand nombre de catholiques adultes et jeunes, nous pouvons constater non seulement le décalage souvent dénoncé entre culture chrétienne et culture profane moderne, mais plus profondément un déficit considérable sur le plan de la formation chrétienne élémentaire. Même chez ceux qui fréquentent avec une certaine régularité nos assemblées dominicales, nous pouvons de moins en moins considérer comme acquis les points fondamentaux de l'initiation chrétienne. On peut estimer que cette carence est une des raisons qui rendent certains catholiques vulnérables aux propositions des sectes et d'autres mouvements religieux.

Quand nous insistons sur la nécessité d'une proposition de la foi, qui aille au cœur même du mystère, cela vaut pour la totalité du peuple chrétien, et pas seulement pour les croyants du seuil ou des marges. Dans ce but, il est indispensable de mettre en relief les éléments essentiels de la foi reçue des apôtres et de l'existence façonnée par cette foi. Toute communauté chrétienne a aujourd'hui la liberté et même le devoir de prendre des initiatives pour assurer cette formation élémentaire, tout en l'adaptant aux besoins et aux capacités des personnes auxquelles elle s'adresse.

c. Les nouveaux venus à la foi et les jeunes.

Nous nous réjouissons sans réserve du mouvement qui conduit des catéchumènes en nombre croissant à demander à l'Église de les recevoir. Le baptême, la confirmation et l'eucharistie qu'ils reçoivent font redécouvrir la valeur fondamentale de l'initiation chrétienne et les possibilités nouvelles d'en déployer la proposition d'une manière organique. Mais avons-nous assez conscience du travail en retour qui en découle pour nos communautés ? Dans le domaine de la liturgie et dans bien d'autres encore, une véritable réappropriation de la tradition catholique est devenue nécessaire afin que nos communautés sachent faire place à ces nouveaux venus. N'étant pas des « catholiques » par héritage, ils se sentent parfois tellement étrangers dans nos communautés que certains les délaissent peu à peu. **Des dialogues et des confrontations sont nécessaires entre ces nouveaux venus à la foi et les catholiques de vieille souche, afin d'inventer un style de vie ecclésiale qui tienne compte de l'interconnexion grandissante des cultures.**

Ce point concerne tout particulièrement la jeunesse.

Malgré les efforts entrepris dans le domaine de la pastorale des jeunes, et malgré les résultats positifs que l'on peut dès maintenant enregistrer, comment ne pas entendre un certain nombre d'entre eux, lorsqu'ils se disent comme étrangers à ce qu'ils perçoivent de l'Église ? Et comment ne pas chercher à soutenir ceux qui n'hésitent pas à manifester leur foi chrétienne au milieu des autres et qui assument sans complexe leur situation minoritaire ?

C'est une des leçons à tirer de l'Assemblée extraordinaire des évêques de France consacrée à la pastorale des jeunes en avril 1996. Notre Église tout entière est invitée à accentuer à l'intention des jeunes la pastorale de l'initiation, en situant cette pastorale dans le contexte des incertitudes et des précarités sociales qui marquent actuellement la vie et la conscience des jeunes.

« Où demeures-tu ? » « Venez et voyez » (Jn 1, 38-39) : cette question des premiers disciples et cette réponse de Jésus, qui constituent le thème des prochaines Journées mondiales de la jeunesse à Paris, en août 1997, dessinent les lignes directrices de cette pastorale de l'initiation, spécialement pour des jeunes qui s'interrogent à la fois sur la façon de chercher Dieu et sur l'orientation de leur existence dans la société actuelle.

Nous sommes tous appelés, adultes et jeunes, à entrer dans ce dialogue vital par lequel nos questions humaines s'ouvrent à la Révélation de Dieu. L'Église qui propose la foi au Dieu de Jésus Christ doit sans cesse, et aujourd'hui plus qu'à d'autres époques relativement tranquilles, s'enraciner dans cette foi, et ne pas éviter les interpellations, ni même les épreuves, qui l'obligent à aller elle-même à la source de la foi, à en comprendre la nouveauté et à l'annoncer avec assurance.

1. Dans nos communautés, comment vivons-nous cette relation fondamentale entre les trois modalités de la mission de l'Église : liturgie, service, annonce ?

2. De nombreuses suggestions d'action sont faites dans ce chapitre. Après les avoir repérées, demandons-nous laquelle ou lesquelles sont déjà en cours de réalisation chez nous. Quels fruits nous paraissent-elles avoir déjà portés ?

3. Comment notre prière unit-elle le souci du monde et le témoignage rendu à la grandeur de Dieu ?

4. Le document insiste sur la nécessité d'une pastorale de la proposition à propos des sacrements. Quelles conditions sa mise en œuvre nous semble-t-elle réclamer sur le plan de nos communautés, de nos diocèses, de nos mouvements, etc. ?

5. Vous a-t-on proposé une formation chrétienne ? Comment en avez-vous profité ? Quelles améliorations vous paraissent-elles nécessaires dans ce domaine ?

VERS LE TROISIÈME MILLÉNAIRE

1. « Avancer sur des chemins toujours nouveaux ».

Au mois de septembre dernier, la visite pastorale de Jean Paul II en France a été un événement profondément révélateur : révélateur de l'héritage chrétien qui est le nôtre et révélateur de la vitalité actuelle de notre Église, qui va vers le troisième millénaire, avec la volonté de vivre et d'annoncer l'Évangile du Christ.

Catholiques de France, vous ne pouvez pas oublier l'appel réaliste et confiant que Jean Paul II nous a adressé : « C'est justement parce que vous avez derrière vous tant de siècles de christianisme que vous êtes appelés à agir de manière digne de la vocation chrétienne. La vocation des baptisés a une dimension constante, éternelle, et elle a une dimension particulière, temporelle. En un sens, les chrétiens de notre temps ont la même vocation que les premières générations de chrétiens de votre terre et, en même temps, leur vocation est déterminée par l'étape présente de l'histoire. **L'Église est toujours une Église du temps présent. Elle ne regarde pas son héritage comme le trésor d'un passé révolu, mais comme une puissante inspiration pour avancer dans le pèlerinage**

de la foi sur des chemins toujours nouveaux » (*Homélie de Reims*, 22 septembre 1996).

La lettre que vous avez désormais entre les mains a pour but de mettre en œuvre cet appel du pape et de célébrer le grand Jubilé de l'an 2000, de telle manière que cette célébration nous engage tous à « avancer dans le pèlerinage de la foi sur des chemins toujours nouveaux ».

Nous reconnaissons sans difficulté que notre lettre est loin d'aborder tous les problèmes qui sont liés aujourd'hui soit à la situation de l'Église dans notre société, soit au contenu de la Révélation chrétienne de Dieu, soit aux multiples exigences d'une nouvelle évangélisation.

Nous n'avons pas cherché à tout dire sur la foi, sa situation, son contenu et sa pratique. Nous avons choisi d'aller à l'essentiel, en présentant la proposition de la foi comme une tâche qui peut mobiliser toute l'Église de France, dans la diversité de ses composantes, et qui oblige chacun de nous, comme membres de l'Église, à répondre aux trois appels que compte cette lettre et que nous vous demandons de ne pas séparer les uns des autres.

Car c'est en comprenant avec réalisme notre situation de catholiques dans la société actuelle que nous sommes conduits à aller plus résolument au cœur du mystère de la foi et à former une Église qui propose la foi d'une façon plus solidaire. Réciproquement, même si l'on est déjà engagé dans la vie et dans la mission de l'Église, on n'est jamais dispensé d'approfondir sa foi et de la situer dans le contexte global de notre société.

Désormais, cette lettre vous est confiée. Nous souhaitons que vous acceptiez de vous l'approprier comme un instrument de travail, de réflexion, de dialogue, et aussi de confrontations loyales avec des personnes qui ne partagent pas notre foi et qui appartiennent soit à d'autres religions, soit à d'autres courants de pensée.

C'est à un travail tenace de discernement, d'approfondissement de la foi et d'engagement chrétien que nous vous invitons, avec la conviction qu'en servant ainsi la cause de l'Évangile, nous servons aussi notre société d'une manière qui contribue en profondeur à son vouloir-vivre, en un temps d'incertitudes.

2. Sainte Thérèse de l'Enfant-Jésus et Madeleine Delbrêl.

Cependant, même si la proposition de la foi dans la société actuelle constitue un projet pastoral pour notre Église, nous savons bien qu'aucun projet pastoral ne saurait nous faire oublier que Dieu tient toutes choses entre ses mains, que ses dons sont totalement gratuits et qu'il a toujours la liberté de nous surprendre, en ouvrant des voies que nous n'avions même pas imaginées.

Les saints et les saintes sont, dans notre histoire, les vivants témoins de ce que Dieu donne à l'Église, parfois de façon imprévue, pour renouveler en même temps la profondeur de sa foi et l'élan de sa mission.

En cette année où nous fêtons le centenaire de sainte Thérèse de l'Enfant-Jésus, nous reconnaissons dans la vie et la mort de la jeune carmélite de Lisieux la relation qui peut s'établir entre la profondeur de la foi vécue jusqu'au bout et la participation à la mission chrétienne dans le monde. Car c'est en s'offrant totalement à l'Amour miséricordieux du Père des cieux que Thérèse est devenue « apôtre des apôtres » et soutien des missionnaires.

Cette vocation étonnante de sainte Thérèse de Lisieux a été reconnue par une autre femme de chez nous, Madeleine Delbrêl, qui, elle, a vécu le combat de la foi et de la mission chrétiennes au sein du monde ouvrier. Elle écrit en effet : « Peut-être Thérèse de Lisieux, patronne de toutes les missions, fut-elle désignée pour vivre au début de ce siècle un destin où le temps était réduit au minimum, les actes ramenés au minuscule, l'héroïsme indiscernable aux yeux qui le regardaient, la mission ramenée à quelques mètres carrés, afin de nous enseigner que certaines efficacités échappent aux mesures d'horloge, que la visibilité des actes ne les recouvre pas toujours, qu'**aux missions en étendue allaient se joindre des missions en épaisseur, au fond des masses humaines, en profondeur, là où l'esprit de l'homme interroge le monde et oscille entre le mystère d'un Dieu qui le veut petit et dépouillé, ou le mystère du monde qui le veut puissant et grand** » (*Ville marxiste, terre de mission*, Paris, 1995, p. 147-148).

Sans doute nous faut-il apprendre toujours davantage à conjuguer ce que Madeleine Delbrêl appelle les « missions en étendue » et les « missions en épaisseur », et à pratiquer une confrontation passionnée entre l'esprit de l'homme, le mystère du monde et le mystère de Dieu.

3. Profondeur de la foi et largeur de la mission.

Cette exigence qui consiste à relier la profondeur de la foi en Jésus Christ et la largeur de la mission dans le monde s'enracine dans l'expérience des apôtres et tout particulièrement dans celle de Simon-Pierre, à partir du moment où il rencontre Jésus et reçoit de lui un premier appel qui va se révéler décisif pour sa vie entière. Les termes qui expriment cet appel dans l'évangile de Luc supportent une double traduction : **« Avance en eau profonde »** ou bien : **« Va au large »** (voir Lc 5, 4).

Dans l'expérience de l'apôtre Pierre, comme dans celle de sainte Thérèse de l'Enfant-Jésus et dans celle de Madeleine Delbrêl, ces deux mouvements se révèlent inséparables : celui ou celle qui se laisse entraîner, par la foi, dans la profondeur du mystère de Jésus crucifié et ressuscité, se trouve, d'une manière ou d'une autre, envoyé dans le monde pour y annoncer l'Évangile. La largeur de la mission ne peut pas être dissociée de la profondeur de la foi.

Telle est l'expérience vécue par les saints et les saintes, et par tous les témoins de l'Évangile – que Dieu nous a donnés et nous donne aujourd'hui : du même mouvement, ces hommes et ces femmes sont radicalement ouverts au mystère de Dieu et totalement disponibles à tous leurs frères. Leur vie et leur mort parlent au cœur et à la conscience de ceux qui cherchent à tâtons la lumière.

Telle est aussi l'expérience que notre Église est appelée à faire, si elle veut rester fidèle à l'exemple des apôtres et des saints et si elle accepte que la proposition de la foi dans la société actuelle soit bien plus qu'un projet pastoral : une véritable expérience spirituelle. Alors nous pouvons vérifier qu'une solidarité essentielle existe entre ceux qui choisissent la recherche de Dieu dans la vie contemplative et ceux qui s'engagent pour annoncer l'Évangile dans le monde. Et surtout, nous comprenons que chacun d'entre nous, chacun et chacune à sa mesure et selon sa vocation, ne peut jamais séparer la prière et la charité, la méditation de l'Évangile et la participation aux luttes sociales, la pratique sacramentelle et l'engagement au service des pauvres.

Comme les apôtres, comme les saints et les saintes, l'Église n'entraîne les autres vers le Dieu vivant que si elle se laisse elle-même saisir par son Amour, d'une manière ou d'une autre. Car, comme nous le rappelait Jean Paul II à Reims, en se référant au concile Vatican II, l'Église n'a pas d'autre but que de « continuer, sous la conduite de l'Esprit Consolateur, l'œuvre du Christ lui-même, venu dans le monde pour rendre témoignage à la vérité, pour sauver, non pour condamner, pour servir, non pour être servi » (*Gaudium et spes*, n° 3).

Nous n'avons pas d'autre désir, ni d'autre projet, en proposant la foi dans la société actuelle et en appelant tous les membres de l'Église qui est en France à prendre leur part de cette mission, à l'approche du troisième millénaire.

Au terme de notre Assemblée d'évêques de France, réunis à Lourdes, nous avons décidé de vous envoyer cette lettre.

À vous tous qui allez la recevoir et la lire, elle dira notre confiance et notre solidarité dans la foi en Jésus Christ, sous le signe de la Vierge Marie, « elle qui a cru à l'accomplissement des paroles du Seigneur » (voir Lc 1, 45).

1. Cette lettre est aussi un instrument de réflexion et de travail pour célébrer le Jubilé de l'an 2000, parce qu'elle ouvre des chemins pour « avancer dans le pèlerinage de la foi », comme le pape Jean Paul II nous y a appelés à Reims.

Elle est donc spécialement confiée à tous ceux qui, dans les diocèses, sont déjà engagés dans la préparation du Jubilé. Il sera utile de la relier à tous les autres instruments de travail, de réflexion et de prière qui sont déjà disponibles en vue du Jubilé.

2. Cette conclusion fait appel à l'expérience spirituelle et, notamment, à la place des saints et des saintes dans l'histoire du peuple de Dieu.

Dans chaque Église diocésaine et dans chaque communauté chrétienne, on pourra se demander comment le témoignage de la sainteté est effectivement reconnu comme un élément décisif de l'expérience chrétienne, de la foi et de l'amour vécus jusqu'au bout.

PRÉSENTATION DE LA « LETTRE AUX CATHOLIQUES DE FRANCE »

I. – POURQUOI CE TEXTE MAINTENANT ?

1. La fidélité à un projet.

Le texte qui vous est soumis n'est pas seulement la troisième étape d'un dossier, ouvert lors de notre Assemblée de novembre 1994, avec le rapport sur « la proposition de la foi dans la société actuelle », dont il faut rappeler sans cesse qu'il a été et qu'il demeure une œuvre commune.

En présentant aujourd'hui, en novembre 1996, ce texte, je dois avant tout rendre compte de la fidélité à un projet, et à un projet qui s'est précisé dans la mesure même où il s'est déployé.

Car, deux ans après, grâce à tout le travail accompli dans de multiples groupes, et dans la plupart de nos diocèses, de nos services et de nos mouvements, parfois de façon très concertée, parfois avec beaucoup d'improvisations et d'imprévus, il est possible d'attester que nous avons été fidèles aux deux intuitions fondamentales et fondatrices qui inspiraient notre rapport initial.

Première intuition : nous ne cherchions absolument pas à faire le bilan du catholicisme en France, à la fin du XXe siècle. Nous voulions, au contraire, susciter une réflexion réaliste, un travail de discernement permettant de repérer et de comprendre, comme nous l'avons dit « ce qui s'efface et ce qui émerge du point de vue de la foi et de l'expérience chrétiennes, au sein des mutations actuelles de la société et de l'Église ».

Cet appel a été largement entendu, notamment par des laïcs et par des prêtres, qui souffrent parfois d'être affrontés à des situations nouvelles, qui craignent que la foi les laisse sans prise sur des réalités nouvelles et qui désirent en même temps découvrir ce qui est en train de naître et comprendre comment l'Évangile est une puissance de renouvellement et de transformation personnelle et sociale.

Ce nouveau texte veut répondre à ces demandes. Il veut être un instrument de travail permettant, non seulement d'analyser des situations nouvelles, mais d'y vivre le défi de la foi et de se savoir membres d'une Église qui, tout entière, avec les ressources puisées dans l'Évangile de Jésus Christ, est prête à relever ce défi.

La seconde intuition, présente à notre rapport initial, et tout autant présente au texte actuel, porte précisément sur l'Église, appelée à évangéliser, d'une façon plus libre et aussi plus solidaire, la société où nous vivons et où beaucoup de personnes et de groupes doutent de leur avenir.

Il est banal de dire et même de comprendre que nous abordons des temps nouveaux pour l'évangélisation, en raison des mutations innombrables intervenues depuis une trentaine d'années dans notre paysage social, religieux et ecclésial. Mais il est surtout très important de reconnaître que, pour évangéliser les autres, l'Église que nous formons doit apprendre sans cesse à découvrir la nouveauté de l'Évangile, du don de Dieu en Jésus Christ.

Autrement dit, nous ne pouvons pas nous contenter de faire fonctionner des mécanismes plus ou moins automatiques. Nous ne pouvons même pas nous contenter d'explorer les richesses indéniables de notre héritage chrétien. Même si nous demeurons des héritiers – et nous en sommes fiers –, nous devons apprendre à devenir aussi des « proposants de la foi », pour poursuivre notre pèlerinage dans l'histoire. Jean Paul II lui-même nous l'a fortement dit à Reims : « L'Église est toujours une Église du temps présent. Elle ne regarde pas son héritage comme le trésor d'un passé révolu, mais comme une puissante inspiration pour avancer dans le pèlerinage de la foi sur des chemins toujours nouveaux » (Homélie de Reims, 5 textes intégraux, p. 111).

Ce texte n'a pas d'autre but que de répondre à l'appel de Jean Paul II et de tracer, aussi clairement que possible, quelques-uns de ces chemins nouveaux, par lesquels nous allons avancer vers l'an 2000, en célébrant le Jubilé de notre foi et en proposant la foi dans la société actuelle.

2. Un contexte favorable.

Pourquoi le dissimuler ? Ce nouveau texte, même s'il se situe dans le sillage du travail déjà engagé depuis deux ans, est évidemment inséparable du contexte global dans lequel se trouve aujourd'hui notre Église de France.

Pauvre et sainte Église, riche de près de vingt siècles d'expérience chrétienne et de tradition catholique, mais parfois aussi critiquée, voire méprisée à cause de cette expérience et de cette tradition ! Que n'avons-nous pas entendu dans les semaines qui ont précédé le voyage de Jean Paul II parmi nous !

Mieux vaut aujourd'hui, sinon oublier, du moins aller au-delà de ces turbulences qui se sont révélées finalement sans proportion avec l'événement réel. Car l'événement lui-même, c'est-à-dire la présence de Jean Paul II parmi nous, de Tours à Reims, ses paroles, son courage, son attention aux personnes rencontrées, son appel au témoignage simple et fort de la loi de notre baptême, tout cela a joué un rôle de révélateur.

L'Église de France a été révélée, peut-être à elle-même, et en tout cas à beaucoup d'autres, pour ce qu'elle est vraiment : plus pauvre sans doute qu'à d'autres époques, mais libre et solidaire pour vivre et pour annoncer l'Évangile, comme une force pour vivre et pour donner un sens à la vie de beaucoup de personnes en quête de sens, de Vérité, et d'Amour authentiques dans notre société incertaine.

Aux catholiques de France nous voulons dire simplement, à la suite et à la manière de Jean Paul II : « N'ayez pas peur d'être vous-mêmes porteurs du signe de Jésus Christ et prêts à rendre compte de l'espérance dont il est la source, surtout dans des situations humaines et sociales rebelles à l'espérance ! Et que ce soit toujours, comme dit l'apôtre Pierre, "avec douceur et respect, en ayant une bonne connaissance, afin que sur le point même où l'on vous calomnie, ceux qui décrient votre conduite en Christ soient confondus" (1 P 3, 16).

Ce texte a donc la valeur d'un appel et aussi d'un engagement collectif : à l'aube du XXIe siècle, il nous semble possible de proposer la foi dans la société actuelle, non pas comme une stratégie, et encore moins comme un projet conquérant, mais comme l'expression de ce qui nous tient à cœur et à conscience et qui peut devenir aussi un véritable service de notre société.

Faut-il préciser que cet appel et cet engagement sont aussi une manière de célébrer activement le Jubilé de l'an 2000, en soulignant les points forts et les points sensibles de l'expérience chrétienne pour les temps actuels ?

3. Des points forts et des points sensibles.

Car ce texte a valeur pédagogique et pastorale. Il veut prolonger et approfondir le travail de discernement qu'a suscité notre rapport. Il s'inscrit dans la même perspective ou plus exactement il fait appel à la même méthode qui a été utilisée pour la diffusion et la réception de notre rapport.

C'est ici qu'il faut expliquer le choix que nous avons fait. L'an dernier, à Lourdes, il avait été question d'une charte, c'est-à-dire d'un document de référence, sinon même d'un texte plus ou moins normatif, qui aurait tracé des orientations, indiqué des points d'attention et formulé quelques directives.

Cette méthode aurait eu sa valeur, et nous le reconnaissons, mais il nous a paru préférable de continuer sur le chemin déjà ouvert par notre rapport, c'est-à-dire de recourir à cette **méthode dialogale,** qui consiste à ne pas vouloir un texte achevé, indiscutable, mais au contraire à fournir un texte qui puisse provoquer des réflexions, des échanges, des confrontations et même des débats.

La lettre que nous adressons aux catholiques de France veut être cet instrument de dialogue. Certes, nous mettons l'accent sur un certain nombre de points forts, nous affirmons des convictions, qu'il s'agisse d'accepter le contexte actuel de laïcité et de pluralisme (c'est le second point de la première partie) ou qu'il s'agisse de relier plus étroitement vie sacramentelle, service des hommes et annonce de l'Évangile (c'est le dernier point fort de la troisième partie).

Mais, de façon permanente, nous souhaitons que cette lettre provoque des prises de conscience, qu'elle mette des croyants en état de responsabilité chrétienne, qu'elle soutienne leur désir de proposer effectivement l'Évangile comme une ressource de vie.

Sur de nombreux points sensibles, les réflexions et les confrontations, non seulement doivent se poursuivre, mais nous espérons vivement que cette lettre y contribuera.

Il faudra comprendre davantage (c'est le dernier point de la première partie) comment des héritiers deviennent des proposants de la foi et comment cette proposition suppose d'aller nous-mêmes au cœur du mystère de Jésus Christ, vrai Fils de Dieu et vrai Sauveur des hommes.

Il faudra affronter l'exigence (c'est le troisième point de la deuxième partie) qui consiste à ne pas séparer la proposition de la foi de la morale, en comprenant bien **pourquoi la foi au Christ suscite indissolublement une vie dans le Christ,** une existence façonnée et transformée par l'Esprit.

Il faudra aussi saisir à quel point l'Église sert la société en étant elle-même, en sa forme sacramentelle et en se construisant comme une communion organique, façonnée par la Parole de Dieu et par les sacrements (c'est le deuxième point de la troisième partie).

Bref, comme le rapport qui l'a précédé, cette lettre

appelle une réception. Elle veut, sur des bases relativement claires, favoriser cette libre communication de la foi qui est aujourd'hui indispensable à l'intérieur de l'Église.

Catholiques de France, le travail de la foi continue ! Cette lettre vous est adressée pour favoriser ce travail et pour que notre Église connaisse la joie d'annoncer l'Évangile, en le vivant elle-même avec plus de ténacité.

Comme l'a affirmé fortement le cardinal Vlk en concluant le récent symposium des évêques d'Europe à Rome : « On ne doit surtout pas oublier que la contribution la plus décisive et la plus efficace de l'Église provient du fait qu'elle vit de la force de l'Évangile qui lui est confié. C'est de cette manière qu'elle est une bénédiction pour la société » (voir Gn 12, 2).

II. – POUR UN BON USAGE DE CE TEXTE

Je laisse à d'autres membres de notre groupe de travail le soin de vous donner des explications au sujet de la structure et du contenu de ce texte, et aussi au sujet de la méthode selon laquelle nous allons pouvoir le discuter, l'amender et le compléter.

Je voudrais simplement me risquer à formuler quelques indications, ou même quelques exigences qui portent sur le bon usage de ce texte, c'est-à-dire sur un usage qui soit conforme à sa finalité et à ses intentions.

1. Le lire et le recevoir.

Première exigence, qui est de l'ordre des évidences : il s'agit d'abord de lire et de recevoir vraiment ce texte, de telle façon que nous donnions envie à d'autres de le lire et de le recevoir à leur tour.

Certes, ce texte ne dit pas tout, et l'on aura la liberté de constater des absences et des silences, aussi bien sur la situation de la foi, que sur son contenu et sur sa pratique.

Mais nous avons aussi la liberté, sans contester ces limites et ces lacunes, d'attirer l'attention sur la structure fondamentale de ce texte, c'est-à-dire sur les trois appels qu'il contient et dont nous aurons à montrer le caractère inséparable : comprendre notre situation de catholiques dans la société actuelle ; aller au cœur du mystère de la foi ; former une Église qui propose la foi.

Il dépend de nous que ces trois expressions deviennent des lignes de force d'un travail concerté, d'une réflexion cohérente, en laissant à chacun, à chaque groupe, à chaque mouvement, la liberté de choisir son point de départ, en fonction de son expérience et de ses besoins.

Des commentaires vont paraître et aussi des guides et des grilles de lecture. Mais rien ne nous empêche, pour chacune de nos Églises locales, d'introduire et de présenter ce texte, en expliquant son but et en faisant valoir le projet pastoral dans lequel il s'inscrit.

2. L'assumer et le présenter comme un instrument de travail.

Pour ceux et celles qui ont déjà réfléchi autour de notre rapport sur la proposition de la foi dans la société actuelle, il ne sera pas difficile de s'approprier cette lettre. Elle apparaîtra comme un prolongement direct du travail déjà accompli et comme un encouragement à poursuivre ce travail.

Mais il ne faudrait pas que se jugent disqualifiés ceux qui n'ont pas pu ou pas encore pu se saisir de notre rapport initial. Libre à eux, soit de combler ce retard, soit d'accueillir immédiatement notre lettre !

À tous et à chacun, il nous appartient en tout cas de présenter ces pages comme un acte de confiance. Nous rendons vraiment grâces pour la part que chacun prend à l'annonce de l'Évangile, et nous voulons soutenir les communautés chrétiennes, les paroisses et les groupes divers qui s'engagent à frais nouveaux dans ce travail d'appropriation de la foi, en vue de l'évangélisation. À tous, nous avons à redire que l'intention de cette lettre est fondamentalement missionnaire : elle est pour le renouveau de la mission chrétienne dans notre société.

Sur bien des aspects particuliers (la présence chrétienne dans une société laïque et pluraliste, la relation entre l'héritage et la proposition de la foi, la concentration sur le mystère du Dieu fait homme pour notre salut, la nécessité de pratiquer une pastorale de la proposition, et pas seulement de l'accueil), cette lettre veut provoquer des prises de conscience et des confrontations.

Nous aurons à examiner, dans le cadre de nos diocèses, comment suivre et guider ces prises de conscience et ces confrontations. Une fois de plus, en effet, la parole est donnée aux croyants, pour qu'ils puissent « comprendre leur situation dans la société actuelle, aller aux sources de la foi et former une Église qui propose la foi ».

À tous les catholiques de France, cette lettre est remise comme un outil de travail, comme un instrument de réflexion et de dialogues, comme un encouragement à progresser dans l'expérience et dans l'annonce de la foi au Dieu de Jésus Christ.

Rien ne nous interdit de présenter aussi ce texte à des acteurs de la société civile, croyants ou éloignés de la foi. L'occasion nous est même donnée de convier tous ceux qui le voudront à s'interroger sur la place et sur l'avenir de la foi et de l'Église dans notre société tout entière. Pourquoi n'oserions-nous pas aussi ce genre de dialogues, dans toute la mesure où ils sont possibles et souhaités ?

3. Jeunesse de l'Église.

Au terme de cette présentation, je n'ai qu'une conviction à partager avec vous tous. Ce travail sur la proposition de la foi nous a quelque peu dépassés nous-mêmes. Il n'a obéi à aucune stratégie, il a voulu seulement manifester la liberté de cette foi en Jésus Christ qui nous fait vivre au service de l'Église, et de chacune de nos Églises locales.

C'est une joie profonde de vérifier ainsi la jeunesse de l'Église, à l'aube du XXIe siècle, en France. C'est une joie profonde dont Jean Paul II a été à la fois le témoin et, à sa manière, l'artisan.

Je laisse à une femme de chez nous, une laïque missionnaire, Madeleine Delbrêl, de Mussidan et d'Ivry, le soin de nous rappeler quel est le secret de cette joie. « Tout ce que les chrétiens ont en commun, c'est l'Église qui le garde : elle garde le testament de Jésus le Crucifié, notre Dieu... C'est que l'Église, en chacun de nous, semble garder surtout ce qui commence. Elle garde activement. Elle ne conserve pas passivement. Mais cette jeunesse inusable, cette jeunesse tendre, l'Église paraît la rayonner pour que brille en elle le testament de Jésus Christ... / On ne plaisante pas avec le papier qu'un prisonnier essaie de faire sortir. Le papier devient pesant si ce prisonnier va mourir. On ne plaisante pas davantage si ce papier est son testament. Ne pas tout faire, chacun à sa place, quand on est chrétien, pour que l'Évangile du Christ soit annoncé, c'est le voler, c'est voler son sang, car c'est à ce prix de sang que Jésus a saisi de force, pour la terre, jusqu'à ses extrémités, pour toujours, tous les jours, jusqu'à la fin du monde, son droit à prendre la parole. Mais ce ne serait pas seulement le trahir, Lui. Car, depuis son procès, il continue à parler, à annoncer son Évangile, à travers des hommes qui vivent la même vie que Lui, à travers nous, les chrétiens » (*Ville marxiste, terre de mission*, 1995, p. 199-201).

On ne saurait dire plus fortement le caractère vital de la foi et de l'évangélisation. À la lumière de ces paroles, j'oserai résumer en quelques mots le texte qui vous est soumis : « Soyons chrétiens là où nous sommes, dans cette société qui est la nôtre, et vérifions ainsi la force de l'Évangile et la jeunesse de l'Église du Christ, de notre Église et de notre foi ! »

MGR CLAUDE DAGENS,
Évêque d'Angoulême.

Guide de lecture

L'Église du Christ est comme le juste de l'épître aux Romains (Rm 1, 17) : elle vit et elle va de la foi à la foi. Elle vit de la foi, dont elle ne cesse de recevoir de son Seigneur la grâce. Et elle vit pour la foi, dont il lui revient toujours, à travers les temps et les lieux, d'ouvrir aux hommes les chemins.

La présente *Lettre aux catholiques de France* est tout entière inspirée par cette double conviction de la foi chrétienne. Laissant ici de côté Introduction et Conclusion, car elles se suffisent à elles-mêmes, ce **guide de lecture** présentera le corps du texte, en s'arrêtant successivement mais brièvement à chacune de ses parties – trois parties auxquelles nous avons intentionnellement donné pour titre un verbe à l'infinitif, afin d'inviter clairement les lecteurs à une implication active.

I. – COMPRENDRE NOTRE SITUATION DE CATHOLIQUES DANS LA SOCIÉTÉ ACTUELLE

Il s'agit d'abord de regarder en face la situation réelle de la foi vécue. Nous ne proposons pas ici une analyse sociologique du catholicisme en contexte français. Recueillant les fruits d'un travail d'observation et de réflexion engagé depuis plus de deux ans maintenant, nous indiquons seulement quelques repères susceptibles d'aider les croyants de ce pays à mieux percevoir aujourd'hui leur *situation* comme croyants, en vue de mieux orienter demain leur *attitude* de croyants.

1. Nous commençons par remarquer que nous connaissons actuellement une crise... mais nous n'en faisons pas toute une histoire ! Nous enregistrons simplement cette donnée d'évidence comme un fait. Un fait résultant d'un ensemble de mutations considérables qui caractérisent toute notre société bien avant d'affecter l'Église elle-même. Un fait qui se traduit particulièrement par une crise généralisée de la *transmission* des savoir-vivre fondamentaux et des indicateurs de valeurs que, jusqu'à une époque récente, véhiculaient les grandes traditions dont nous sommes issus.

Devant ce fait, dont un bon nombre de contemporains sont d'emblée portés à tirer tout de go la conséquence que « la religion » est irrémédiablement compromise, nous nous posons, quant à nous, une seule question : quelles ressources notre foi nous offre-t-elle pour affronter une incertitude aussi généralisée ? Quelles nouvelles chances pourrait-elle même, le cas échéant, y trouver ?

2. Nous interrogeant ainsi, nous avons bien garde de partir tout de suite dans une direction qu'on pourrait taxer, pour s'en débarrasser sans plus, de passéisme, de cléricalisme, de prosélytisme, etc. Avant d'aller plus loin, nous nous donnons au contraire pour tâche de bien préciser plusieurs points. Nous n'oublions pas les leçons de notre histoire passée, avec la tradition de laïcité qui la marque en contexte français ; mais nous ne nous pré-

cipitons pas non plus sur les chances que serait censé nous offrir un prétendu « réveil religieux ».

Nous déclarons nous situer déjà et vouloir nous situer mieux encore si possible, comme catholiques *dans* le contexte culturel et intellectuel d'aujourd'hui, marqué notamment par l'émergence de l'individualisme, le principe de la laïcité et un pluralisme généralisé. Et dans ce contexte, nous déclarons, corrélativement, notre propos de contribuer pour notre part au vouloir-vivre de notre société en montrant activement que l'Évangile du Christ est au service de la liberté de tous les enfants de Dieu.

3. À partir de là, nous pouvons finir de caractériser ce que nous appelons, donc, « notre situation de catholiques dans la société actuelle ». Nous précisons alors que cette situation même nous appelle à passer résolument d'une attitude surtout marquée par le souci de conserver et de transmettre un héritage, à une autre attitude, où les héritiers que, certes, nous ne cessons pas d'être passent résolument à la *proposition.*

Proposition de la foi dans la société actuelle ! Proposition qui laisse à nos partenaires toute leur liberté ; proposition qui réserve absolument les toujours insondables « possibles de Dieu »... Mais proposition quand même liée au constat suivant : ce qu'il suffisait naguère le plus souvent d'entretenir et d'encourager doit être désormais voulu et suscité. Toutes sortes de démarches qu'une population majoritairement catholique nous demandait, en se coulant dans des automatismes assez communément admis, doivent en effet être maintenant proposées comme l'objet d'un choix.

Une proposition de ce genre comprend cependant de soi une exigence : aller (ou revenir) au cœur de la foi chrétienne. Il s'agit donc, disons-nous dans une deuxième partie, de souligner les points forts et les points sensibles de l'expérience chrétienne, tels qu'ils émergent de l'effort de compréhension de la situation d'aujourd'hui tenté dans la première partie.

II. – ALLER AU CŒUR DU MYSTÈRE DE LA FOI

Dans cette partie, notre question est au fond celle-ci : dans la situation d'incertitude voire de désarroi – en tout cas de crise – où nous sommes entrés, qu'avons-nous d'essentiel à proposer ? La réponse est formulée en trois temps : se fier au Dieu de Jésus Christ, affronter l'épreuve du mal, vivre et agir selon l'Esprit.

Nous ne proposons là ni un succédané ni un substitut de l'« exposé organique et complet de la foi » que fournissent d'autre part *Catéchisme des évêques de France* et *Catéchisme de l'Église universelle.* En nous appuyant sur ce que nous croyons pouvoir reconnaître comme des points forts de l'expérience chrétienne en cc temps, et après en voir débattu entre nous, ce sont ces trois lignes d'orientation prioritaires que nous avons retenues. Nous croyons pouvoir les suggérer comme des références à adopter tant pour la proposition que pour l'approfondissement de la foi chrétienne dans la société d'aujourd'hui.

1. *Se fier au Dieu de Jésus Christ.* Nous reconnaissons partager beaucoup des interrogations de nos contemporains. Nous respectons d'autre part bien d'autres façon que la nôtre de donner sens à l'existence humaine. Mais nous tenons, pour notre part, à souligner que si nous

croyons – si nous croyons nous aussi –, nous ne croyons pas seulement en l'avenir ou en l'humanité, ni même seulement en Dieu. Très précisément, nous disons ceci : nous nous fions au Dieu qui s'est révélé en Jésus Christ.

Nous reconnaissons certes en ce Dieu « un grand mystère » ; mais il nous semble aussi que, vers ce mystère, qui est d'amour et de grâce, oriente déjà cet autre « mystère » que chaque homme est à lui-même, ce mystère dont tout être humain est porteur et qui est inscrit au plus profond de son cœur.

Au nom de Jésus Christ, en vertu de Jésus Christ, nous confessons ce mystère d'amour et de grâce : comme un mystère de *paternité*, qui couvre tout, qui est de toujours à toujours, de qui tout vient et à qui tout retourne ; comme un mystère de *filiation*, auquel nous pouvons, à la fois par pure grâce et par nos propres actes, être indéfectiblement associés ; comme le mystère d'un *Esprit* qui, tout ensemble, parle à l'intime de notre cœur et s'offre à renouveler la face de la terre.

Ce mystère, qui en Jésus Christ s'est porté à la fois à notre connaissance et à notre rencontre, est pour nous communication de vie à jamais et, en ce sens, *salut* – salut pour maintenant et pour toujours.

2. On a beau confesser ce mystère, on n'en reste pas moins affronté à l'abrupt, à l'incompréhensible *problème du mal.* Nous n'avons pas voulu faire comme si, même pour nous croyants, il n'en allait pas ainsi. C'est pourquoi tout de suite après avoir dit que nous nous fions au Dieu qui s'est révélé en Jésus Christ, nous avons tenu à mentionner le mal qui ne cesse d'assaillir l'humanité. Nous en disons ce que notre foi en la douloureuse et glorieuse Croix de Jésus, cœur du mystère que nous confessons et célébrons, nous provoque et nous autorise à la fois à oser en dire.

3. Nous terminons cette deuxième partie sur un point qui surprendra peut-être dans un exposé de la foi, mais qui nous paraît essentiel : *vivre et agir selon l'Esprit.*

Autant il appartient au cœur de la foi de se fier au Dieu de Jésus Christ, autant se fier en ce Dieu ne dispense pas de s'affronter au mal (on peut même dire que l'intolérabilité du mal redouble alors d'intensité !), autant nous ne pouvons pas omettre de souligner qu'il y a un lien indissoluble entre la foi et la vie. Telle est la raison pour laquelle, toujours dans le but d'« aller au cœur du mystère de la foi » (titre de notre deuxième partie), nous proposons de bien repérer que et en quoi la rencontre du Dieu de Jésus Christ peut modifier et éclairer d'une manière nouvelle le sens de nos vies et, par là, le domaine de notre agir concret.

Reste alors à dire, dans une troisième partie, comment notre approfondissement dans la confession croyante du mystère de la foi (deuxième partie) peut faire apparaître des lignes de force pour le travail actuel d'évangélisation, compte tenu de ce que nous avions commencé par préciser concernant « notre situation de catholiques dans la société actuelle » (première partie). C'est le sens de notre dernier titre.

III. – FORMER UNE ÉGLISE QUI PROPOSE LA FOI

Partis d'un regard croyant sur la société où nous vivons comme chrétiens, nous sommes passés à la doctrine et à la morale chrétiennes. Nous en venons maintenant, plus directement, à la pastorale. Il s'agit en effet de formuler, à partir de ce qui précède, des projets pour que l'Évangile du Christ soit effectivement vécu et proposé par et dans l'Église de notre temps.

1. Nous invitons tout d'abord à progresser dans l'*expérience de l'évangélisation.* Ici, nous insistons surtout sur un point : il n'y a pas à dissocier l'un de l'autre un mouvement de retour aux sources ou au cœur de la foi, un travail de recomposition intérieur d'un côté, et un mouvement d'aller au large, de s'ouvrir *ad extra* pour annoncer l'Évangile et témoigner dans le monde d'un autre côté. Dans une large mesure, chacun de ces deux mouvements, soulignons-nous, est critère d'authenticité et de validité de l'autre.

2. En un deuxième temps, nous précisons ceci : un tel double mouvement s'accomplissant de toute manière « dans la société », il importe qu'il soit conçu et conduit de telle sorte que, dans cette société, l'Église ait toutes chances d'apparaître comme sacrement du Christ.

Le mystère de vie et de salut qui constitue l'Église en elle-même a un caractère *historique* et une organisation *socialement repérable* qui font que cette Église est aussi intérieure à notre société moderne. Cela présente au moins deux conséquences. D'une part, l'Église est appelée à accomplir un vrai service *dans* la société, mais sans se substituer pour autant à quelque institution politique ou sociale séculière que ce soit. D'autre part, l'Église n'en doit pas moins pouvoir se doter des moyens et organismes qui lui permettront seuls de prendre place, corps et visibilité spécifiques dans l'ensemble du contexte sociétaire où elle est de fait insérée.

3. Après avoir ainsi situé l'Église et sa mission au sein de la société actuelle, nous terminons en nous demandant comment, aujourd'hui comme toujours, la même Église est appelée à se réaliser elle-même selon

ces trois modalités traditionnelles : la célébration du mystère du salut *(leitourgeia)*, le service de la vie des hommes *(diaconia)*, l'annonce de l'Évangile *(marturia)*.

Inutile de reprendre ici, même en résumé, ce que nous disons sous ces trois rubriques : l'intention du texte est suffisamment claire. Précisons seulement deux points. Tout d'abord : c'est intentionnellement qu'après avoir parlé juste auparavant de l'Église dans la société, nous mettons ici en premier la *leitourgeia* (et non pas, par exemple, la *marturia*). Ensuite, il vaut la peine de regarder d'un peu près la formulation que nous donnons à ces « lignes d'action » car, sous leur forme traditionnelle et voulue comme telle, elles mettent des accents précis, qui leur donnent peut-être un intérêt renouvelé. Elles sont en effet formulées : dans la ligne d'une pastorale sacramentelle qui serait davantage de *proposition* (et pas seulement d'accueil) ; dans le souci d'un service des hommes qui privilégie effectivement les prioritaires selon l'Évangile (et qui n'en reste donc pas à un propos trop général de « témoignage ») ; et avec la préoccupation d'une vraie formation doctrinale (et pas seulement d'entretien ou de mise à jour de connaissances censées plus ou moins déjà acquises avant ou ailleurs).

Notre rapport *Proposer la foi dans la société actuelle* nous situait de lui-même au regard de l'appel du pape Jean Paul II à une « nouvelle évangélisation ». Ainsi que le dit la conclusion de la présente lettre, la mise en œuvre du projet qu'elle formule nous permettra de nous tourner résolument, comme nous y invite le même Jean Paul II, « vers le troisième millénaire ».

P. Joseph Doré,
Institut catholique de Paris.

Table des matières

DEUXIÈME PARTIE

ALLER AU CŒUR DU MYSTÈRE DE LA FOI

TROISIÈME PARTIE

FORMER UNE ÉGLISE QUI PROPOSE LA FOI

Achevé d'imprimer en novembre 1997
dans les ateliers de Normandie Roto Impression s.a., à Lonrai (Orne)
N° d'éditeur : 10479 N° d'imprimeur : 972633 Dépôt légal : novembre 1996

Imprimé en France